THOMAS LAGE

COMMENTAIRES DE LÉGENDE

ILS VOUS FONT REVIVRE LEURS COMMENTAIRES QUI ONT MARQUÉ L'HISTOIRE DU SPORT

PRÉFACE DE
GRÉGOIRE MARGOTTON

AMPHORA

SOMMAIRE

PRÉFACE
DE GRÉGOIRE MARGOTTON

« Un jour, il n'y aura plus que l'image, l'ambiance du stade, le bruit mat d'une frappe lointaine, et on sera enfin débarrassés des vocalises ineptes du singe hurleur pendu à son micro… » « Ça donne son avis alors qu'il ne connaît même pas les règles ! Mettez-moi à sa place, je m'en sortirai mieux. Facile ! »

Ces phrases pleines de nuances, « le singe » et « ça » les ont lues ou entendues au moins une fois dans leur parcours professionnel. « D'ailleurs, ça n'est même pas un métier. La preuve, il n'existe aucune école pour l'apprendre. » C'est vrai. Être commentateur d'un événement sportif ne s'étudie pas sur les bancs d'une université. Un jour, sans prévenir, le directeur de votre rédaction vous convoque : « J'aimerais que tu ailles à Milan samedi pour commenter Inter-Sampdoria de Gênes. » Vous répondez d'un « oui » plein d'angoisse et d'excitation. Comme les autres avant vous, vous préparez méticuleusement la fiche de votre match. L'équipe qui reçoit côté gauche, des infos, des chiffres, des anecdotes. Les visiteurs en page de droite. Il y en a partout. Ça vous rassure, mais cela n'atténue en rien cette plongée dans l'inconnu qui vous saisit lorsque l'arbitre siffle le début de la rencontre. Casque sur la tête, micro collé aux lèvres, vous êtes seul. Vous réalisez que, pendant deux heures, vous allez devoir jongler entre votre fiche, le petit écran de contrôle devant vous, et ce stade immense qui, depuis votre position au sommet de la tribune latérale, transforme les joueurs en petits personnages tous identiques. Et vous racontez l'histoire.

Toutes celles et tous ceux dont vous lirez le témoignage dans ce livre ont connu la même chose : l'excitation, l'absence de repères les premières fois, le saut dans le vide et, petit à petit, match après match, course après course, le sentiment d'acquérir des réflexes, de la confiance, d'apprendre les codes d'un métier. Oui, commentateur de sport est un métier. Certains ont, paraît-il, des prédispositions : un timbre de voix, une capacité de travail, une grande connaissance des acteurs. Pourtant, toutes et tous vous diront que le commentaire est l'école de l'humilité. Vous n'êtes jamais arrivé, vous êtes toujours en danger, chaque direct vous replonge dans l'inconnu de la première fois.

Toutes et tous vous raconteront un record, une accélération, une chute, un simple geste, tous ces petits moments suspendus que leur voix a eu le privilège d'accompagner. Dans ces pages, vous apprendrez que, depuis la plus haute Antiquité, l'être humain a toujours eu besoin d'un passeur d'émotions et d'informations entre l'événement et le plus grand nombre. Vous réaliserez que ce métier dans son profil moderne est en fait un jeune enfant né en même temps que la télévision, que chaque génération le fait évoluer. La mienne a grandi en écoutant Couderc, Albaladejo, Roland, Larqué... Des pionniers qui resteront pour toujours les seules stars de ce métier. Ils étaient rares comme l'était le sport sur les écrans. Aujourd'hui, il est accessible 24 heures sur 24. Des dizaines de micros, des dizaines de voix. Chaque jour.

Ce sont ces voix que vous allez lire dans ces pages. Elles ont commenté du football, du rugby, un *come-back* en athlétisme, un record en natation. Elles sont cette petite musique qui accompagne les grands souvenirs de sport, qui les grave un peu plus profondément dans nos mémoires. Elles vous parleront de l'équilibre à trouver entre émotion et information.

« Le commentaire, c'est de l'improvisation millimétrée », disait Thierry Gilardi. Elles vous diront l'importance de l'humain, de l'équilibre nécessaire avec le consultant, celui ou celle avec qui vous devez partager le micro. Vous entendrez leur sourire, vous comprendrez leur passion. Elles vous raconteront un métier qui, aujourd'hui, beaucoup plus qu'à ses débuts, s'apparente à un idéal pour de très nombreux journalistes en herbe. « Monsieur, comme métier, je veux faire comme vous : commentateur de foot. Ça doit être trop bien de rencontrer Mbappé ! »...

Au départ, je voulais voyager. Commenter, c'était l'assurance, chaque semaine, d'un nouveau stade, de nouvelles odeurs, de nouveaux chants. Ensuite, j'ai aimé ces gestes simples : s'asseoir en tribune à cette place privilégiée, poser ce casque sur la tête, rapprocher le micro de la bouche, sentir cette vibration unique qui précède le coup d'envoi d'un match en Angleterre, en Italie, en Afrique du Sud, au Paraguay, à Sedan... On se sait très privilégié quand on commente du sport. Notre tâche, si simple en apparence, consiste à raconter l'effort, l'excellence, le record, la grâce, mais aussi la chute, l'échec, la blessure, les pleurs... Relayer, analyser, sublimer parfois ces passions de la vie, tout cela ressemble à un idéal de travail. C'est tout simplement un métier magnifique.

Il énerve, il attire et se confie à Thomas dans les pages qui suivent. Son livre est comme ce métier : exigeant, coloré, surprenant. « Oh Zinédine ! Rendez-vous au premier virage, peut-être, pour voir Laure autour du cou. » Bonne lecture.

INTRODUCTION

Raconter. Transmettre. Donner. Les mots-clés sont nombreux, et le dictionnaire des synonymes donne un panel très vaste de possibilités pour définir et illustrer ce qu'est un commentaire. Si on reste dans un esprit très terre-à-terre, voire scolaire, compulsons le dictionnaire. Et si la définition la plus pure de ce qu'est le commentaire était imprimée noir sur blanc ?

« Exposé, analyse, interprétation d'un fait, d'une information. » Finalement, ce sont surtout à travers ces mots-clés que chacun va pouvoir se faire sa propre idée. Parce que le commentaire, c'est aussi une définition implicite. Il fait appel au ressenti de chacun. C'est de la sensibilité, des repères culturels. Le commentaire fait appel à l'émotion, aux sentiments.

Les voix, les sonorités sont rattachées aux événements sportifs qui sont des marqueurs d'une vie. C'est ainsi que, par effet boule de neige, le commentaire forme le premier socle d'une réaction en chaîne. On se souvient de la phrase ou du monologue. Puis de celui ou celle qui nous l'a transmis. Ensuite, on se remémore l'événement dans son intégralité. Et enfin de ce qu'était la vie à cet instant précis.

Voilà, au-delà de la définition théorique, ce qu'est vraiment un commentaire. Et c'est tout ce qui rend cet exercice si addictif pour ceux qui le pratiquent. C'est cette plongée dans notre sensibilité et dans tout ce que ces phrases font remonter chez chacun d'entre nous que nous allons effectuer dans ce livre. Un mot, une phrase, un monologue et une infinité de petites histoires, avec pour socle commun la grande.

Comment tout ceci se met en place. Qu'est-ce qui fait qu'un commentaire devient légendaire, et rentre dans l'inconscient collectif ? Quelle est la recette, si tant est qu'il y en ait une ?

À travers les témoignages et cette plongée dans ces moments de légende, nous allons essayer de percer le mystère. Avec les mots et les ressentis de celles et ceux qui sont quoi qu'il arrive rattachés, adossés à ces grands moments du sport et de notre mémoire collective. Au point de rendre leurs phrases, leurs mots et leurs monologues indissociables du fait sportif. Quitte à servir de déclencheur de souvenir.

Mais avant de sauter les pieds joints dans ces histoires, la curiosité pousse forcément à se demander quand cela a bien pu commencer. À quel moment sont apparus cette envie, ce besoin. Celui de se dire : « Ceux qui ne sont pas là doivent savoir ce qui se passe. Et à travers moi, le vivre comme s'ils y étaient.

Avec la description de ce que j'ai vu, mais aussi de ce que j'ai ressenti. » Ou le revivre, car la notion de direct est inexistante jusqu'à très récemment.

Nous allons traverser les époques. Retracer les contextes. Avec un point de départ qui n'est pas si lointain, à l'échelle de l'homme. Même si, finalement, commenter un fait marquant dans l'histoire collective fait partie intégrante du genre humain. Et on ne parle pas uniquement de sport. D'ailleurs, on ne parlera pas de sport avant très tard dans la course historique du temps. Et ce même si les premières traces d'événements sportifs remontent à plusieurs siècles avant Jésus-Christ.

Ainsi, et ce malgré un protocole de préparation et d'accueil des athlètes déjà très au point, aucune trace de commentaire ou de pratique ressemblant de près ou de loin à cet exercice pendant les Jeux olympiques antiques. Personne n'est là pour exercer professionnellement un rôle de récit. Pas encore. À cette époque-là, l'essentiel est ailleurs. La gloire de sa nation, de sa cité et de son peuple. Raconter, ce sont les artistes qui le feront à travers les amphores, les différentes fresques et les œuvres de littérature écrites *a posteriori*.

C'est également pendant l'Antiquité que l'on devine la genèse du métier qui nous intéresse. Au même titre que l'évolution humaine est partie de l'australopithèque et que la théorie de l'évolution de

Darwin a fait le reste, les premières bribes de ce qu'on n'appelle pas encore le commentaire se situent là. À travers un personnage qui existe déjà par moments au temps de l'Empire romain. Les fans de la série *Rome* se souviendront de ce personnage sans nom, surélevé, et qui rend compte de l'évolution des conquêtes, de la vie des grandes familles et des lois importantes votées par le Sénat. Ce personnage, c'est le crieur public. Alors oui, il est là pendant l'âge doré de la Rome antique. Mais c'est pendant le Moyen-Âge qu'il devient un personnage central de la vie du comté, du duché, et du royaume de France.

« Oyez, oyez, braves gens ! » Ce sont par ces mots précédés le plus souvent d'un coup de tambour (sorte de générique de début de transmission moyenâgeuse) que les crieurs publics, portés par une voix qui les différencient déjà du reste de la population (tiens, tiens... encore une première pierre posée dans les fondations du métier de commentateur) attirent l'attention des badauds. Dans les traces écrites que l'on peut trouver, on parle de physiques forts, de voix puissantes qui portent très loin. Le but ? Pouvoir s'exprimer au niveau des différents points stratégiques du bourg. Le parvis de l'église, la place publique, le balcon de l'hôtel de ville (appelé bretèche). Tous les points de rencontre peuvent être de bons endroits pour crier les informations importantes.

Qui sont les crieurs publics ? Des individus itinérants la plupart du temps. Ils vont de ville en ville porter la parole officielle. Cela fait-il d'eux des serviteurs du pouvoir ? Seules des enluminures nous offrent des descriptions quelque peu imagées des instants d'échanges entre la population et le crieur public. Preuve que ses infos sont écoutées, voire débattues.

Mais quels peuvent être les éléments qui montrent que ce crieur public du Moyen-Âge est la version 1.0 du commentateur ? À part le fait qu'il a une voix qui lui permet de se démarquer, et qu'il a une capacité certaine à captiver les foules ?

Le crieur public, dont le statut sera d'ailleurs inscrit dans la loi française au XIXe siècle seulement, est donc très intéressant à analyser. Car à de multiples égards, il pose les bases de ce que deviendra le métier de commentateur au XXe siècle.

Et si l'on reste dans le comparatif avec l'évolution humaine, il y a un parallèle assez amusant à faire.

Au même titre que l'homme de Néandertal (dont on peut retrouver les traces à Tautavel dans l'Aude) s'est éteint alors que l'homo sapiens sapiens (nous) était déjà là et bien installé, le commentateur et le crieur public cohabitent encore aujourd'hui.

Car oui, le crieur public existe encore. Le roman de Fred Vargas, *Pars vite et reviens tard*, en atteste avec sincérité avec le personnage de Joss Le Guern.

Et de nombreuses villes se sont dotées de leur propre crieur public, que ce soit à titre informatif qu'à titre humoristique (comme à La Ciotat chaque été).

À Auvers-sur-Oise par exemple, un crieur est présent tous les dimanches à 12 h sur la place de la mairie, se signalant avec les mots suivants : « T'écris, je crie. Le crieur public crie vos poèmes, messages personnels, avis de recherche, mots d'amour, petites annonces... Les messages d'amour sont gratuits, car l'amour n'a pas de prix. 1 euro les autres messages. » Le Néandertal du commentaire a donc encore de beaux jours devant lui et peut regarder son successeur avec des yeux doux. Un peu comme un grand-père regarde son petit-fils.

Il va être temps de démarrer notre voyage. Ce voyage qui va nous intéresser tout au long de ces pages : celui du commentaire sportif. Car vous l'avez remarqué, il n'a encore que très peu été question de sport. Il faut dire que, hormis pour les Jeux olympiques antiques, le sport n'est pas une notion ancrée dans la vie quotidienne des peuples pendant des siècles.

Sauf si l'on considère que les gladiateurs, puis les chevaliers en guerre ou en tournoi sont les sportifs de haut niveau de leur époque. Non. Notre épopée du commentaire va démarrer bien plus tard.

Beaucoup plus tard même. Puisqu'on va revenir moins de 100 ans en arrière. À une époque que les plus anciens d'entre nous ont pu connaître. Pour se rendre compte de l'aspect récent de ce métier qu'est celui de commentateur sportif, quelques petits marqueurs temporels seront beaucoup plus parlants que n'importe quelle dissertation.

Les plus grandes compétitions sportives dans lesquelles nous allons nous replonger dans ces commentaires de légendes n'ont pas connu les voix qui vont les sublimer à leurs débuts. À une ou deux exceptions près. Prenons les trois compétitions impliquant directement la France les plus suivies au monde. Celles qui viennent directement de cerveaux et même de médias de l'Hexagone.

La première : les Jeux olympiques (modernes).

C'est la compétition sportive la plus ancienne de l'humanité, et après des siècles d'absence, c'est au XIXe siècle qu'il est décidé de la rénovation de ce moment où les sportifs venus des quatre coins du monde connu se retrouvent et s'affrontent. Et dans ce cas précis, il n'est nullement question de médias, du moins pas encore. Le premier déclic ? La découverte du site antique d'Olympie à la fin du XVIIIe siècle. Quelques idées vont alors germer dans les têtes des penseurs de l'époque.

Pour que ça bouge, il faut des traumatismes. La défaite française face à l'Allemagne en 1870 (défaite d'ailleurs à l'origine de la première politique d'État en faveur de l'éducation physique. Bon, même si c'était dans le but d'endurcir les corps en cas de nouveau conflit contre les voisins germains… Mais ça compte quand même !). Ces deux conflits majeurs dans une période où l'industrialisation et les technologies connaissent un bond historique vont faire bouger les instances. Enfin, une seule. Le Comité international olympique, première organisation à visée fédératrice au niveau sportif dans le monde. Et son créateur en 1894, dont l'adage est resté dans l'inconscient collectif comme la pensée ultime de l'olympisme, Pierre de Coubertin. On peut se dire que, si le baron avait été commentateur, son « L'important est de participer » aurait eu une place d'honneur dans ce livre.

Et avec la création du CIO, la machine se met en marche pour les premiers J.O. de l'histoire moderne en 1896 à Athènes. La couverture est minimale. Quelques articles de presse écrite dans les quotidiens spécialisés (dont nous reparlerons un peu plus loin et qui sont à cette époque en monopole pour ce qui est de l'info), et c'est tout.

Des comptes-rendus de faits et de performances, mais pas encore de commentaires au moment où la plus grande compétition au monde retrouve son lustre. Sept ans plus tard, les médias français vont être à l'origine de la création d'une autre compétition…

Nous sommes en 1903. Le premier journal sportif français s'appelle *L'Auto* (anciennement *L'Auto-Vélo*).

Il est tiré quotidiennement à 33 000 exemplaires. C'est en quelque sorte le premier âge d'or de la presse sportive. Un âge d'or qui coïncide avec le boom des titres de presse. Chaque jour sont édités autour de 600 titres de presse écrite en France. Le patron de *L'Auto*, Henri Desgrange, cherche à créer une compétition. L'objectif : éteindre la concurrence de l'autre titre, *Le Vélo*. Et comme le contexte global n'est jamais loin, c'est une rivalité entre dreyfusards et anti-dreyfusards.

Car, au départ, *Le Vélo* doit s'appeler *L'Auto-Vélo*. Le fondateur est le comte Jules-Albert de Dion. Pionnier de l'industrie automobile, d'orientation politique très à droite. Et donc, anti-Dreyfusard.

Mais *Le Vélo* existe déjà, fondé par Pierre Giffard, un dreyfusard. Ou comment la cartographie sociale de la France de ces années-là, coupée en deux, est illustrée dans les deux plus grands titres de la presse sportive.

Pour ce qui est du capitaine Dreyfus, il est à cette période emprisonné en isolement total à l'autre bout du monde.

Le sport numéro un dans l'Hexagone, c'est le vélo. Le cyclisme. Des courses classiques existent déjà, bien sûr. Mais dans la tête des patrons du *Vélo*, et surtout Géo Lefèvre (bras droit de Desgrange), on se dit que, pour booster les ventes du journal, il faut aller plus loin. Et boum, illumination ! Une course à étapes, autour de la France. Le Tour de France est né. Six étapes, 19 jours d'épreuve, 60 participants. L'histoire retiendra que le premier vainqueur s'appelle Maurice Garin, et que le 1er juillet 1903, *Le Vélo* va s'écouler à plus de 65 000 exemplaires en France. Le succès populaire est total, et on repartira en 1904.

L'idée étant bonne, le Giro suivra en 1909, et la Vuelta n'arrivera que plus tard, en 1935.

C'est donc la première grande compétition internationale avec une couverture de presse qui ressemble à ce qu'on va connaître ensuite. Mais pas encore de commentaire. C'est trop tôt. On ne transmet que très peu l'atmosphère, l'émotion, le contexte. L'important, c'est le résultat et la performance pure.

On va donc continuer à avancer dans le temps et s'intéresser à la troisième compétition. Le sport le plus populaire du monde va entrer dans une nouvelle dimension. Et va, de fait, mettre un coup de boost à la façon de raconter le sport au sens large.

Il n'y a que 27 ans entre le premier Tour de France et la première Coupe du monde de football. Mais le monde a basculé. La Grande Guerre a fauché 10 millions d'hommes en Europe. La Russie a basculé dans le communisme, et les États-Unis sont en train de s'affirmer comme la nouvelle locomotive du monde, du moins jusqu'en 1929. Le Tour de France et les J.O. sont deux institutions maintenant bien installées. Mais le sport devenu dominant, c'est le football. Et si ce sont les Anglais qui l'ont inventé, ce sont bien des Français qui vont l'universaliser. Cela commence en 1904 avec la création de la FIFA, qui sera chargée de gérer le football mondial. Il n'est pas encore question de Coupe du monde, puisque le souhait des dirigeants du moment, c'est que le « titre » soit donné au champion olympique. Et donc amateur.

C'est alors que Jules Rimet (le fondateur du Red Star) sollicite la FIFA pour créer une compétition parallèle aux J.O. et réservée aux professionnels, dans le but, selon lui, de « favoriser l'élévation et la promotion des classes populaires. De soulager les infortunes morales et physiques des plus pauvres » (biographie).

Et, à force de persuasion, Rimet, devenu président de la FIFA en 1921 et aidé par son compère Henri Delaunay (inventeur de la Coupe de France et du futur Championnat d'Europe des nations), va obtenir gain de cause. En 1928 est attribuée la première Coupe du monde de foot. Elle aura lieu en 1930, et ce sera en Uruguay. Pourquoi l'Uruguay ? Parce que pour l'année du centenaire, le pays veut marquer le coup... et qu'il s'est engagé à payer les frais de participation des équipes et à construire un nouveau stade. Le fameux Centenario de Montevideo et ses 90 000 places.

Tout est en place et s'annonce bien. Mais, en 1929, le krach boursier venu des États-Unis va mettre à mal les économies de la majorité des pays du monde. Et donc de la majorité des pays devant participer à la Coupe du monde. Pour la France, la décision de la participation au premier Mondial est prise seulement deux mois avant le début de la compétition. Mais ça passe. La France va jouer le Mondial. Un Mondial dont, pour la première fois, on pourra voir des images !

Car c'est la grosse innovation et la première étape de l'arrivée progressive du commentaire sportif en France, grâce aux actualités cinématographiques. Développées pendant la Grande Guerre, elles vont aborder les sujets sportifs que bien plus tard. En France, deux sociétés d'exploitation se tirent la bourre : Gaumont et Pathé. Et là où Gaumont sera précurseur avec les premières actualités couleur en 1918, c'est bien Pathé qui arrive à exporter son film d'actualité de 35 minutes dans plusieurs dizaines de pays.

Des actualités cinématographiques hebdomadaires qui permettent de mettre des visages sur des noms, et de créer un rendez-vous régulier, de l'attente.

Avec l'appui de l'image, on accorde le propos à ce qui est visible à l'écran. On raconte le but pendant que le spectateur le voit. On commente. Ça y est, on y est !

L'histoire retiendra que cette Coupe du monde va poser des bases solides à l'orée de cette décennie qui va plonger le monde dans les abysses. Malheureusement, les actualités cinématographiques raconteront bien plus l'avènement d'Hitler et de Mussolini que les exploits sportifs. Sauf quand ils servent les desseins des dictateurs comme en 1934 et le titre mondial de la *Squadra Azzura*, ou encore pire, les J.O. de Berlin en 1936. Pour revoir du sport dans les actus, il faudra attendre le Tour de France 1949 et la Coupe du monde au Brésil en 1950. Mais, avec l'arrivée du JT de Pierre Sabbagh en 1949, l'actualité cinématographique va s'éteindre au profit de la télévision. Et avec l'arrivée de la télé vont débarquer ceux que nous appellerons les pionniers.

Parmi eux se trouve un certain Roger Couderc. C'est avec lui que nous allons commencer notre voyage dans la légende, et remonter le fil du temps au gré de ces phrases ancrées dans la mémoire du sport français.

CHAPITRE 1

« ALLEZ LES PETITS ! »

ROGER COUDERC / PIERRE ALBALADEJO

Il sera pour l'éternité le seizième homme du XV de France. Il est aussi le symbole d'une époque que les romantiques du sport, et surtout du sport à la télévision, regrettent.

Une époque où l'on pouvait se permettre des choses. Et Roger Couderc s'en permettait allègrement : « Il grossissait le trait de tout. Un coup de pied de 20 mètres, c'était pour lui un coup de pied de 70 mètres. Mais tout le monde l'aimait pour ça », en sourit son successeur aux commandes des matchs du XV de France Matthieu Lartot. Roger Couderc, c'est d'abord l'amour. L'amour du sport, et l'amour des sportifs. Et pour compléter le triptyque, l'amour des gens. Cet amour du public se ressentait lors de chaque prise d'antenne, chaque match de l'équipe de France, chaque finale du championnat. « Avec lui, on avait le sentiment d'être assis en tribune et de ressentir ce qui se passait sans bouger de notre canapé. C'était un membre de la famille qu'on était ravis de retrouver », souligne Jean-Michel Larqué.

Roger Couderc est le symbole de la première phase du métier de commentateur sportif. Pas de statistiques, pas d'éclairage technique sur l'action en cours. De la gouaille, un ton, un timbre, et surtout de la passion. Le tout enrobé d'une chaleur et d'une empathie qui nous ont offerts des moments légendaires à une époque où les matchs télévisés sont des événements suffisamment rares pour que personne ne les rate.

Roger Couderc, c'est le premier en tout. Comment ne pas réécouter avec malice le dernier essai des Bleus à Auckland le 14 juillet 1979, scellant la première victoire française sur les terres des All Blacks ? Cet essai-là, il ne commente pas, il le chante.

Pour commencer notre périple au cœur de tous ces moments accompagnés par toutes ces grandes voix, il fallait parler de Roger Couderc. Parce qu'avec ses pairs de la première vague, il a tout construit et tout donné.

Et avant de rentrer dans ce chapitre hommage, gardons les mots de celui qui l'a accompagné partout, et avec qui il a révolutionné une seconde fois le métier, Pierre Albaladejo : « Roger Couderc a apporté, spontanément, une dimension épique au rugby. Il a à la fois dramatisé et dédramatisé le jeu. Il avait un don exceptionnel pour tout mélanger, l'essentiel et l'anecdotique, l'important et le futile. Il voyait un match à sa manière et en parlait également à sa manière. »

LE REFLET D'UNE ÉPOQUE

Nous sommes à la fin des années 1950. En 1958, plus précisément. Roger Couderc, journaliste depuis le début de la décennie à la radio sur la RTF, arrive à la télévision. Son rôle est multiple. Il commente les « deux rugbys » (le XV et le XIII), mais aussi le catch (son autre sport passion) et le tennis. Il est aussi l'animateur du jeu télé *La tête et les jambes*, dans lequel des candidats s'affrontent autour de questions assez pointues sur un thème prédéfini à l'avance. En cas de mauvaise réponse, un sportif de haut niveau se charge de tenter une performance suffisamment qualitative pour que le candidat reste en jeu. Ce côté multicarte, Couderc va s'en servir pour bâtir sa légende, porté par un contexte où le souhait de tout le monde est de prendre du plaisir. C'est la France des Trente Glorieuses, la France qui se construit, florissante. Le chômage ? On ne connaît presque pas. La radio est au sommet des audiences (près de 89 % des Français écoutent la radio chaque jour dans les années 1950, et ça va avoir son importance pour Roger Couderc), et la télévision – via l'ORTF – est en train de découvrir son pouvoir le plus absolu : celui de rentrer dans le salon et de créer des rendez-vous familiaux.

Alors, oui, ce sont les premiers pas. Mais cet optimisme ambiant, ce sourire, cette envie de partager et de communier dans l'émotion sont des ingrédients déterminants. Avec ces ingrédients, Roger Couderc va se faire une place dans les foyers et surtout dans le cœur des gens.

À cette époque, les Français se trouvent des idoles plutôt du côté du ballon rond. C'est la génération des Fontaine, Piantoni, et du Napoléon du ballon, Raymond Kopa. Pour ce qui est du rugby, les stars sont ailleurs, en Angleterre ou en Nouvelle-Zélande. La vraie star du rugby français, pendant des décennies, ce sera Roger Couderc.

Imaginez-vous un commentateur à qui les téléspectateurs écrivent pour se plaindre de la présence de tel ou tel joueur dans la sélection nationale. Pensant que c'est lui, la voix qui sort du poste, qui a ce pouvoir.

Cet impact, il est inaccessible, inimaginable aujourd'hui.

Couderc, c'est celui qui sait. Qui connaît. Qui voit, et qui raconte. On a besoin de lui. Et du coup, on l'aime. On l'aime parce qu'il nous ressemble.

Une autre époque, vous dis-je...

UNE VISION DU COMMENTAIRE

La vision du commentaire de Roger Couderc, c'est son complice de presque toujours (on va y revenir), Pierre Albaladejo, qui en parle le mieux. Ayant partagé les antennes de radio et de télévision avec le phénomène de Souillac pendant trois décennies, « Bala » (surnom qui lui a été donné alors qu'il est le demi d'ouverture de Dax et du XV de France par… Vous savez qui) est forcément le mieux placé pour mettre les mots justes sur ce qu'était Roger Couderc au commentaire.

Extrait d'un entretien réalisé en 2014 pour *20 Minutes* :

« On est à la radio, mais avec Roger, ça prend une autre dimension. On invente le transistor à images. C'est-à-dire que les gens chez eux coupaient le son des matchs retransmis à la télé pour écouter nos commentaires à la radio. C'était cocasse, et Roger Couderc en jouait. Il attaquait toujours ses reportages (car oui, on ne disait que très peu retransmission en direct ou juste direct à l'époque) en disant : “Chers téléspectateurs… Non, pardon, chers auditeurs… Les Anglais vêtus de blanc sont à droite et les Français vêtus de bleu sont à gauche de votre transistor.” C'était ça aussi, Roger Couderc. »

Nous allons revenir sur son binôme salvateur avec « Bala » et sur le match qui reste sans doute encore aujourd'hui dans l'inconscient collectif comme le jour où Roger Couderc est définitivement entré dans la légende. Avant ça, analysons un peu sa technique, issue de sa polyvalence acquise dans le traitement de plusieurs sports et dans l'exercice de l'animation de divertissement.

Roger Couderc, c'est un accent provenant de son Lot natal, parfaitement raccord avec son sport.

Un accent chaud, rassurant, suffisamment atténué pour qu'il soit modulant et non chantant. Et auquel les amateurs de rugby ont tout de suite pu s'identifier. C'est un timbre chaleureux, rassurant, voire... paternel ! Et pour mettre le point final à la vision du commentaire de Roger Couderc, qui d'autre que... Roger Couderc, sur le plateau de *Micros et Caméras* en 1967 :

« Le rôle du commentateur de rugby est de souligner l'image et de l'expliquer. Le rugby n'est pas un sport tellement facile. Il y a beaucoup de règles, et certaines sont difficiles. L'arbitre ne voit pas toutes les fautes, donc il faut essayer d'expliquer ce qu'il se passe et vivre le match. S'intégrer au match. Tout le monde n'est pas d'accord sur ma façon de concevoir le direct, mais moi je pense qu'il faut se laisser emporter par la vague de ce sport qu'on appelle le sport roi. Ne pas être trop technique pour ne pas barber celui qui ne connaît pas les règles, et ne pas non plus être trop vague pour éviter de mécontenter le connaisseur. Il y a un juste milieu à trouver. Mais je pense que c'est l'enthousiasme et la sincérité qui mettent tout le monde d'accord. On ne peut pas tricher. »

UN 14 JUILLET DE LÉGENDE

C'est le dernier ballon d'attaque pour la Nouvelle-Zélande dans ce second test-match au cœur de la forteresse de l'Eden Park d'Auckland.

On est en fin de tournée, les organismes sont à bout de souffle. La France mène 24-19, et pour la première fois de son histoire, elle s'apprête à battre les légendaires All Blacks chez eux. Avec un capitaine Rives au four et au moulin et un Jérôme Gallion de gala. Mais il y a ce dernier ballon. L'attaque se développe sur l'aile droite, et au bout d'une chandelle qui aurait pu s'avérer piégeuse pour les Bleus au vu de la marée noire qui fonce vers l'en-but, Frédéric Costes se saisit du ballon et tape en touche. C'est fini. C'est le 14 juillet 1979, et le XV de France tient le plus bel exploit de son histoire, au moment où personne ne s'y attend. Enfin, presque personne. Ce souvenir incroyable, c'est à Pierre Albaladejo de nous le conter :

« Ce match arrivait en fin de tournée, nos joueurs étaient fatigués, beaucoup étaient blessés. Personne n'y croyait. La semaine avant la rencontre il n'y avait que Roger pour annoncer : "Vous allez voir, on va leur foutre une volée aux Blacks !" Et ce qui ne devait pas arriver arriva. Ce match est devenu formidable. La France bat la Nouvelle-Zélande sur ses terres un 14 juillet. Ça ne pouvait pas mieux tomber. Pour Roger, cocardier comme il était, c'était le scénario parfait. Il a disjoncté. Il était fou de bonheur. Il fallait le voir et l'entendre. Pendant que j'assurais le commentaire, il chantait la Marseillaise. »

Et on l'oublie un peu, mais en plus de la Marseillaise, Roger Couderc va sortir de son chapeau une phrase qui va sonner puissamment, et dont la structure va nous rappeler fortement un autre moment de légende incarné par Thierry Roland 19 ans plus tard. Les Bleus mènent alors 24-10, et Couderc laisse échapper ces mots : « Quand on a vu ça, on peut mourir. » Cela ne vous rappelle-t-il rien ?

C'est un Couderc quasi absent, habité et survolté par l'immensité de ce qu'il est en train de vivre, qui laisse presque malgré lui, mais avec un bonheur sincère le soin à « Bala » de faire vivre les derniers instants de ce test-match. Encore une chose impensable aujourd'hui.

Pour les jeunes amateurs de rugby, comment ne pas conseiller de s'installer confortablement devant un écran, et savourer les meilleurs moments de ce match d'anthologie ? Car tout Couderc est là. Et la fluidité de son duo avec Albaladejo aussi. Ça tombe bien, on ne peut pas ne pas en parler. Car Roger sans « Bala », ce n'est plus tout à fait Roger.

LE PREMIER BINÔME TÉLÉVISUEL

On est en 1971. Pierre Albaladejo, ancien demi d'ouverture de Dax et du XV de France, a arrêté sa carrière en 1968. Depuis, il est sur Europe 1 aux côtés d'Émile Toulouse pour commenter le rugby. Il paraît que son accent dacquois ne l'empêche pas de se faire comprendre des auditeurs, en tout cas selon les patrons de la station. De son côté, Roger Couderc est un peu dans le creux de la vague de sa carrière. En mai 1968, il se positionne en faveur de la contestation étudiante alors qu'il travaille sur l'ORTF... la télé publique. Le couperet tombe. Avec Chapatte et Roland, il est viré de la télé et rebondit sur la station concurrente d'alors, RTL.

La suite, c'est « Bala » en personne qui nous la raconte : « Après la vague de licenciements de l'ORTF, Robert Chapatte est venu travailler avec nous sur Europe 1. Et un jour, il me lance : "Tu ne penses pas que ce serait chouette de commenter avec ton pote Couderc ?" Bien sûr que si ! Et, fin 1971, Roger a franchi le Rubicon et m'a rejoint sur Europe 1 pour former notre duo. Le début de la grande aventure. » Leur histoire est toutefois plus ancienne. Couderc est au micro de tous les exploits du grand numéro 10 landais. C'est lui qui réalise toutes les interviews, et un lien très fort se noue entre les deux hommes. L'époque s'y prête, bien entendu, tant la proximité entre les sportifs et les journalistes est facilitée. De 1971 à 1974, le duo se solidifie, trouve ses marques et se perfectionne. Jusqu'à la réforme de l'ORTF, dont les conséquences nous sont narrées par « Bala » :

« D'une chaîne unique, on passe à trois chaînes publiques. Président de la 2, Marcel Jullian recrute Robert Chapatte aux sports. Et Chapatte lui dit : "Pour le rugby il faut prendre Bala et Couderc !" Voilà comment notre duo est arrivé à la télé.

Pour un bail qui s'est achevé en 1983 au Parc des Princes, pour un France-Galles dantesque, à l'issue duquel Jean-Pierre Rives donnera son maillot plein de sang gallois à Roger. Et dans cette aventure, on s'est beaucoup marrés. Parce que Roger était unique pour faire le spectacle. Il était toujours dans la démesure. J'étais là pour rectifier le tir. » La chaleur, la passion, la démesure (avec des coups de pied estimés à 60 mètres alors qu'il fallait en enlever au moins 20), c'était Couderc. Le pragmatisme, l'œil du joueur, la technique, c'était « Bala ». Voilà les bases du binôme de commentateurs posé là. À la suite de cette initiative de génie, tout le monde va s'y mettre. Thierry Roland va être rejoint par Jean-Michel Larqué, et Hervé Duthu par Jean-Paul Loth. Le métier vient d'opérer sa première mue, sa première révolution. Et pour toujours, celui qui incarne cette révolution, c'est Roger Couderc.

UN HÉRITAGE INESTIMABLE

Lorsqu'il disparaît le 25 février 1984, Roger Couderc laisse derrière lui un vide immense. Auprès du public autant qu'auprès des joueurs, ses « petits ». Des minutes de silence sont respectées sur tous les terrains de rugby de France. Du jamais vu pour un personnage de télévision, qui plus est un journaliste sportif. Roger Couderc, c'est l'inspiration de toute la génération qui va suivre. Pierre Salviac,

George Eddy, Patrick Chêne, Charles Biétry, Michel Denisot… Tous considèrent Couderc comme leur modèle, avec Robert Chapatte.

Et pour le public, Couderc sera toujours la voix du rugby. Celui qui a fait découvrir et aimer ce sport à toute une génération. Une génération pour laquelle il faisait partie de la famille.

Roger Couderc, c'est une Légion d'honneur décernée par François Mitterrand le 21 septembre 1982 (là encore, du jamais vu pour l'époque).

C'est aussi plus d'une trentaine de stades et de complexes sportifs à son nom aux quatre coins du pays. À Marseille, Vitry-sur-Seine, Port-la-Nouvelle, on foule les pelouses des stades Roger Couderc.

On peut également arpenter des rues ou des impasses Roger Couderc à Souillac bien sûr, mais aussi à Montpellier, Boulazac, Vénissieux ou encore Roanne.

Un timbre de collection édité pour la Coupe du monde 2007 est à son effigie. Enfin, le couloir qui relie les vestiaires à l'entrée de la pelouse du Parc des Princes s'appelle… « L'allée des Petits », clin d'œil ultime d'un stade dans lequel le seizième joueur de l'équipe de France était comme à la maison.

Aujourd'hui, Roger Couderc repose à Mauvezin. Avec la tête orientée vers le clocher pour « entendre s'égrener la vie des autres », et les pieds tournés vers les poteaux du stade de rugby, afin de ne pas rater la moindre transformation.

Alors, une fois n'est pas coutume, pour terminer ce voyage au cœur des prémices de ce métier que vous avez tant chéri, permettez-moi de m'adresser directement à vous, Monsieur Couderc. Pour vous remercier. Merci d'avoir été l'un des pères fondateurs de ce si beau métier de commentateur. Merci d'avoir mis votre passion et votre amour des bons mots au service d'une génération d'amoureux du sport, et d'avoir été leur phare, leur point de référence dans la découverte et l'affirmation de leur amour pour le rugby de haut niveau. Merci aussi d'avoir aimé ceux qui jouent. D'avoir respecté la dureté du travail nécessaire pour jouer au rugby à haut niveau, que ce soit dans les années 1960 ou dans les années 1980, lorsque le professionnalisme se rapproche.

Merci d'avoir montré que, pour tisser des liens forts avec le plus grand nombre, la recette est vertueuse. La sincérité, la justesse, la joie, l'humanité.

Enfin, merci pour votre altruisme. Cet altruisme qui a d'abord révolutionné le métier que vous aviez imaginé avec l'arrivée d'un comparse de légende à vos côtés. Et qui ensuite a permis de transmettre le relais à une génération qui vous regardait les yeux écarquillés. Consciente que « faire comme Roger Couderc », c'est impossible. Mais qu'on peut s'inspirer de ce que faisait Roger Couderc en y ajoutant sa propre personnalité. Vous avez montré que ce métier est une aventure pour laquelle on continue d'être emballé même quand on a des décennies d'expérience, et des centaines de matchs à son compteur.

Loin de moi l'idée de parler à votre place. Mais, quel que soit l'endroit d'où vous continuez à suivre votre sport fétiche, vous devez être fier de vos petits. Que ce soient vos petits Bleus du XV frappé du coq sur le terrain, ou vos petits qui poursuivent l'aventure télévisuelle, et qui rajoutent des lignes dans la grande histoire du sport par leurs mots, leurs envolées, leurs monologues.

Vous pouvez en profiter en toute quiétude, le métier est entre de bonnes mains et à sa juste place dans le cœur du public.

Pour finir, merci pour tout, Monsieur Roger Couderc.

CHAPITRE 2

« SON PÈRE ZACHARIE S'EST PRÉCIPITÉ SUR SON FILS ! MOMENT D'INTENSE ÉMOTION ! »

HERVÉ DUTHU / FRÉDÉRIC VIARD

5 juin 1983. Court central de Roland-Garros (Paris)
Finale des Internationaux de France de tennis
Yannick Noah bat Mats Wilander (6/2, 7/5, 7/6)

« 90 % d'un grand succès réside dans le fait d'être vu. » En repensant à l'épopée de Yannick Noah et à ce jour de juin 1983 dont tout le monde parle encore, comment ne pas penser à cette citation de Woody Allen ? Et la beauté de la plume permet, dans ce cas-ci, de rajouter à cette remarquable tirade la fin de phrase : « Et d'être entendu. » Car deux raisons font et feront que ce moment de bonheur intense ne quittera jamais la mémoire de ceux qui étaient suspendus à leur écran ce jour-là. Ce genre de journée où on décide de prendre une licence pour ressembler à l'idole que l'on vient de voir triompher.

La première, c'est tout simplement que jusqu'à ce qu'un nouveau tennisman français vienne rajouter son nom au tableau d'honneur des internationaux de France, cette victoire et donc les mots d'Hervé Duthu qui l'accompagnent seront indissociablement liés, la course du temps rajoutant à l'aspect légendaire de la chose. Dur de se dire que, pour avoir vécu ce moment, il faut être au minimum un quadra...

La deuxième, c'est que ce commentaire est unique. Noah 1983 et la voix d'Hervé Duthu restent encore aujourd'hui le seul titre du Grand Chelem masculin commenté à la télévision en direct. Le seul et unique. Ce qui lui donne un aspect quasi mystique qui ne doit pas être évident à gérer pour un commentateur de sport. Chaque année, on exhume ses mots afin de rappeler que l'on attend un successeur à Noah et donc, indirectement, à lui-même. Drôle de paradoxe.

Pour accompagner ce voyage, quel meilleur guide-accompagnateur que Frédéric Viard, le monsieur rugby et tennis de beIN Sports en France, passé par Canal +, et proche d'Hervé Duthu ?

Fred, tout d'abord, avec tes yeux et tes souvenirs, qu'est-ce qui remonte quand on t'évoque ce mois de juin 1983 ?

Alors, c'est pas ma plus belle émotion de sport parce qu'avant il y a la demi-finale de Coupe du monde contre l'Allemagne. Mes parents avaient installé une petite télé dans un bureau, et c'est la première Coupe du monde que je vais vraiment suivre. Et après, oui, il y a Roland-Garros 1983 parce que je suis fan de Noah. Et ce tournoi de 1983... Je me souviens du match contre Roger-Vasselin en demi, et je me dis que ça va le faire. Donc, oui, c'est l'impatience de voir Yannick Noah gagner.

Tu as dans les 14 ans au moment de cette finale. Et celui qui est aux commentaires, c'est Hervé Duthu. Tu peux nous expliquer pourquoi c'est toi qui es face à moi pour parler de ce moment ?

Alors déjà je ne remplace pas Hervé, impossible ! Mais j'ai eu la chance, plus tard, après ce moment fou de 1983, quand j'ai commencé ce métier, de me retrouver aux côtés d'Hervé, qui m'a accompagné sur le tennis. C'était le patron du tennis sur Eurosport. Il m'a donné l'opportunité de me lancer, il a écouté et m'a dit : « OK, viens, je vais t'accompagner. » Et j'ai vécu de 1993 à 1998 à ses côtés pour commenter le tennis. C'est une école magnifique, c'est un monsieur dans ce métier, un homme bien. J'ai une tendresse particulière pour lui, parce que j'étais un petit jeune, c'était mon aîné, et je l'appelais « papi » quand on travaillait ensemble.

On va voyager maintenant un peu dans ce début des années 1980. Une époque où, par exemple, la Stan Smith ne coûte que 40 francs…

Ah, je m'en souviens très bien, parce que c'est une chaussure de tennis. Mais moi, à l'époque, je préfère la Nastase d'Adidas, que j'ai revue récemment en boutique. À un prix impensable, mais ça, c'est un autre sujet. Moi, en 1983, je suis en 3e au collège.

LE BOX OFFICE

OCTOPUSSY
SORTI LE 5 OCTOBRE 1983

LE RETOUR DU JEDI
SORTI LE 19 OCTOBRE 1983

LE MARGINAL
SORTI LE 26 OCTOBRE 1983

PAPY FAIT DE LA RÉSISTANCE
SORTI LE 26 OCTOBRE 1983

TCHAO PANTIN
SORTI LE 21 DÉCEMBRE 1983

« Je suis arrivé en retard sur *La Guerre des étoiles*, en revanche, à partir de *L'Empire contre-attaque*, je suis devenu accro. 1983, c'est *Le Retour du Jedi*, je suis allé le voir dès la sortie. »

Revenons maintenant à ce Roland-Garros 1983. Hervé Duthu commente depuis un certain temps déjà, et avec Jean-Paul Loth, c'est le binôme tennis. Le seul. Tu es déjà attentif aux voix qui t'accompagnent ?

En fait, j'ai pas le choix. Aujourd'hui, on a le choix des commentateurs. Et donc, j'ai pas souvenir de commentaires qui ne me plaisent pas. Je regarde le match, c'est un accompagnement, et ça fait donc partie du truc. Quand j'écoute Hervé pendant le tournoi, je me dis pas qu'il me manque des infos, j'absorbe. Et sans remettre en question, parce que le seul tournoi de tennis que je peux regarder à la télé, c'est Roland-Garros une fois par an. Hervé, c'est le roi du pétrole, c'est lui qui sait, et il vient nous initier. Quand t'as un gars qui vient t'initier, tu remets pas en cause son savoir.

Dans ce tournoi, Noah est attendu parce qu'il est en train de faire la meilleure saison de sa carrière. Quand on est commentateur et qu'on sait qu'il y a des chances pour que le Français aille au bout, on se prépare différemment ?

En 1983, pour en avoir parlé avec Hervé, tu pouvais pas te planter, parce qu'il n'y avait pas de concurrence. Quand tu es Hervé Duthu et que tu commentes le tennis, y a pas un gars qui peut arriver derrière et dire : « T'as pas fait un bon commentaire, on va essayer machin à la place. » Ce sont des baronnies les services des sports à l'époque.

En revanche, il va commenter le tournoi de celui qui est quasiment son beau-fils à l'époque, et c'est fou. Sa difficulté, c'est justement de ne pas mettre trop de lui dans son commentaire, parce qu'il a qu'une envie : c'est que Yannick gagne.

Pendant tout le tournoi, il commente avec Jean-Paul Loth. Mais pour la finale, il est tout seul. C'est impensable, ça, aujourd'hui…

Tu sais quoi, je crois pas que ce soit impensable. Bon, là, en 1983, Loth est très impliqué dans le tennis français, c'est le capitaine de l'équipe de France de Coupe Davis. C'est un tout petit microcosme le tennis français à l'époque. Tout le monde se connaît. Et là, tu as un Français tout proche de gagner Roland-Garros, c'est tellement rare que j'imagine que Jean-Paul Loth se dit : « Il est hors de question que je vive ça enfermé dans ma cabine là-haut. » Je crois qu'il n'a pas laissé le choix à Hervé. Et puis, les contrats, c'est pas les mêmes. C'était tellement peu figé ce qui se faisait à l'époque qu'on pouvait se permettre des choses. Et d'ailleurs, je pense que, même Hervé, s'il avait pu, il l'aurait regardé du bord du court. Donc là je comprends totalement Jean-Paul Loth.

On va directement aller au troisième set, avec une montée en tension folle. L'ambiance est électrique comme jamais, et pourtant Hervé Duthu semble calme au commentaire. Comment tu le perçois ?

En fait, y a plusieurs choses. La première, c'est qu'en France, à cette époque, le commentateur n'est jamais fou. Ça n'existe pas, ça ne se fait pas. Y a pas de folie comparée aux commentateurs sud-américains. Et d'ailleurs, actuellement, les commentateurs anglais sont encore comme ça.

Il faut donc prendre en compte ce prisme-là. Ensuite, Hervé n'est pas comme ça. Il a toujours pris beaucoup de recul et ça fait partie de sa signature.

Je l'ai déjà vu monter dans les tours, mais jamais au commentaire. C'est presque un littéraire, il a ce recul, cette distance et ce langage toujours tenu. Il n'aurait jamais pu dire : « Monsieur Foote, vous êtes un salaud ! » C'était un ami très proche de Thierry Roland, mais au commentaire, ils étaient aux antipodes l'un de l'autre. Sauf à la fin du match de Noah où là ça saute.

Oui, mais même là, ça ne part pas forcément dans tous les sens. Descriptif, il explique ce qu'il voit, etc. Ça monte, mais ça reste très… Duthu !

En fait, ce qui nous paraît surprenant aujourd'hui dans l'intensité, c'est l'inverse qui aurait été surprenant à l'époque. Un Jean Rességuié aurait été pris pour un fou, voire même viré à l'époque. Et même Thierry Roland ne se serait sans doute pas lâché en cas de titre en 1982, comme il s'est lâché en 1998. L'époque est différente.

Il sait à cet instant que c'est un moment à part. Est-ce que tu penses qu'il est content de la manière dont il accompagne ce moment qui est légendaire au possible ?

Connaissant Hervé, je pense que ça lui convient ce qu'il a fait parce qu'il est pas du genre à se laisser déborder, à ne pas se préparer comme il faut. Je pense

LA PLAYLIST

« BILLIE JEAN »
MICHAEL JACKSON

« EYE OF THE TIGER »
SURVIVOR

« AFRICA »
ROSE LAURENS

« WHAT A FEELING »
IRENE CARA

« COMME TOI »
JEAN-JACQUES GOLDMAN

« LET'S DANCE »
DAVID BOWIE

« SWEET DREAMS »
EURYTHMICS

« MISE AU POINT »
JAKIE QUARTZ

« SEXUAL HEALING »
MARVIN GAYE

« L'AVENTURIER »
INDOCHINE

« En 1983, je suis encore un peu jeune. Michael Jackson, Téléphone, AC/DC, j'ai découvert et aimé ça bien plus tard. Je ne pensais qu'à faire du sport. »

qu'il a réfléchi à ce qu'il allait dire en cas de victoire au fur et à mesure que le match avançait. Pas deux heures avant, mais au fil du match. On en a parlé plusieurs fois quand on discutait tennis ensemble. Il me disait : « Tu sais, Fred, il faut pas être surpris quand arrive la balle de match, parce qu'il faut conclure et c'est là qu'on peut se louper. » Quand je prépare une grande finale, je vais chercher chez des auteurs ou autre ce qui va m'aider à habiller la fin et, pourquoi pas, marquer les gens. Sur la victoire de Bartoli ou de Mauresmo à Wimbledon, j'ai dit : « Wimbledon est redevenu un jardin à la française. » Et c'est ce qu'a fait Hervé. Ensuite, il a été gagné par l'émotion parce que c'est pas neutre quand même. Il aime son sport, il aime l'homme qui gagne, ça fait beaucoup.

Est-ce que le tennis est le seul sport où on peut vraiment préparer un commentaire de légende ?

Le tennis te laisse plus de temps hors action. C'est un sport où tu ne parles pas pendant que l'action se joue, tu parles quand il ne se passe rien entre les points. Tu as donc un peu plus de moments qui peuvent être « écrits », pour amener quelque chose de différent, hors action.

Je pense que c'est bien d'imaginer les moments qui vont rester, et Hervé m'a donné ça. Avoir un beau français joliment tenu, aller s'inspirer chez les auteurs. Il dit que c'est bien de donner aux gens un peu plus que « Allez les Bleus », tout en ayant la capacité de le dire quand il faut, parce que ce qui nous porte tous, c'est la passion. Et chacun a son style, et ça, c'est fantastique. Ceux qui crient, ceux qui sont sobres, etc.

On peut parler de l'évolution technique aussi. Lui dans sa voix en 1983, on sent qu'elle est en place, mais qu'il ne la travaille pas forcément. Est-ce que c'est la marge que les années ont comblée chez les commentateurs, le fait de travailler son organe vocal ?

Je pense qu'il n'y a pas de mauvaise voix. Chacun a la sienne et est attaché à l'événement. La voix sert à t'emmener dans le rythme de l'événement ou à t'en sortir. Et le défaut d'un commentateur, c'est de sortir le téléspectateur de son match et de lui gâcher le plaisir. Le commentateur est comme un guide de musée qui t'explique les toiles et qui te donne des petites infos qui rendent l'expérience meilleure. Mais s'il est hésitant, qu'il sait pas trop ce qu'il dit et qu'il le dit mal, l'expérience est gâchée.

Notre première mission, c'est de ne pas gâcher le plaisir. La deuxième, c'est de donner des infos qui vont permettre de mieux profiter et de mieux comprendre. Et la troisième, c'est d'augmenter un peu le plaisir si on peut.

Dans les années 1980, on est encore dans la phase artisanale du commentaire ?

Moi, j'ai jamais travaillé ma voix, mais connaissant Hervé, avec ce qu'il clopait et ce qu'il buvait après les matchs, ça je peux t'assurer qu'il a jamais travaillé sa voix (rires). À la limite, lui mettre un petit « sky » avant le match pour le détendre... C'est quand même un mec que j'ai vu, alors que c'était interdit de fumer dans les avions, partir au sprint après des vols de 6 heures pour fumer en dehors de l'aéroport. Il s'en foutait de sa valise, il poussait tout le monde. Si je lui avais dit : « Dis donc, Hervé, je t'ai préparé un verre de lait avec du miel, et je te propose une petite montée piano de nos voix », je pense qu'il m'aurait pris pour un fou ! Déjà qu'il trouvait que je préparais trop mes matchs !

Avec ton expérience, tu as vu ton métier évoluer. Comment tu jauges l'évolution de l'exercice avec tout ce qu'on y a rajouté au fil des années et de la technologie ?

Si tu regardes la finale de 1983, je suis pas sûr qu'il y ait beaucoup de stats à l'image, voire pas du tout. Mais servons-nous de ces outils-là pour mieux faire comprendre aux gens qui nous regardent et qui sont très bien informés aussi des trucs importants. Jacques Chancel disait : « Ne donnons pas aux gens ce qu'ils aiment, donnons-leur ce qu'ils pourraient éventuellement aimer. » Elle est jolie, cette phrase. Mais sachons les utiliser à bon escient.

Si Hervé avait eu ces outils-là, ça aurait pu être génial pour comprendre des choses dans le jeu de Noah ou de Wilander.

Moi, Hervé me tapait sur la tête pour que je me taise. Et j'ai toujours gardé ça.

Les gens en face, ils en savent énormément. Donc il faut en savoir au moins autant, et ça demande du boulot. Et je sais qu'Hervé, ses matchs, il les préparait pas. Je me suis fait un cahier avec tous les éléments importants au fur et à mesure que je prenais de l'expérience. Et lui, ça le faisait marrer, il arrivait juste avec un petit papier du service de presse du tournoi. Il regardait le tennis tous les jours tout le temps.

En 1983, les réseaux sociaux n'existent pas. La quête du buzz, préparer des punchlines pour aller chercher la phrase : est-ce qu'on ne touche pas là à l'effet pervers que peuvent drainer ces outils ?

C'est marrant, parce que j'allais te dire que je prépare pas mes punchlines, alors qu'avant, je t'ai dit que je préparais mes phrases pour être à la hauteur de l'événement, etc. C'est pas dans l'optique que ça reste absolument après derrière. Aller chercher cette postérité, c'est la maladie de notre métier. De penser qu'on est au moins aussi important que le match qu'on commente, et on va chercher le truc qui va nous mettre en valeur. C'est une erreur.

Est-ce qu'il y a des commentaires où tu t'es dit : « Wow, ça, j'aurais aimé le dire » ?

Évidemment, je pense à Gilardi. C'est un exemple. Si un jour, on me dit : « Tu fais un peu ce que faisait Thierry Gilardi », je me dirai que j'ai bien fait mon boulot. J'avais l'impression d'être dans mon canapé avec lui qui me racontait le match.

Le fait que l'on considère qu'il y a des commentaires de légende, ça remet ce métier à sa juste place selon toi ?

En fait, ce n'est pas des commentaires de légende. Ce sont les moments qui sont légendaires. Et nous, on les accompagne. C'est lié. Tu te souviens du match et du commentaire qui va avec. Alors, il y a des commentaires qui vont au-delà de l'événement, comme celui de Julien Fébreau et son « Accélère accélère ! » ou le « Oui Yannick » d'Hervé. Mais, en fait, on est là par hasard. Ce sont des coups de pot. Il y a des commentaires qui restent, et tant mieux, parce que ça veut dire que les trois missions dont je parlais tout à l'heure ont été accomplies. Mais je maintiens que ce sont les moments qui comptent.

DANS L'ACTU EN FRANCE

L'année 1983 est au cœur du début du désenchantement. Deux ans après l'élection de François Mitterrand et l'énorme espoir qu'elle avait suscité, la tempête menace. Les grèves se succèdent pour protester contre l'austérité et l'inflation. Le début de septennat regroupe aussi des avancées pour lesquelles beaucoup se battent aujourd'hui. Notamment la retraite à 60 ans élargie aux régimes complémentaires. C'est aussi en 1983 que Klaus Barbie, le nazi surnommé « le boucher de Lyon » est extradé vers la France pour répondre ensuite de ses crimes.

Enfin, en 1983, le professeur Luc Montagnier publie dans la revue Science son étude sur le HTLV-1 : le terrible virus du SIDA.

À grande valeur symbolique le pèlerinage de Jean Paul II à Lourdes à la mi-août ; sans doute le plus fort en intensité de ses six voyages en France pour le pape le plus populaire du XXe siècle.

L'ACTU SPORT

Dans cette France qui n'a pas encore pris l'habitude de gagner, deux locomotives se dégagent pour le futur. Bernard Hinault a déjà gagné le Tour de France, et il en gagnera encore : cinq en tout.

Alain Prost, lui, a débarqué en Formule 1 en 1980. Et en 1983, le titre se rapproche. Deuxième du classement des pilotes pour le Français. Le titre ? Il ne va pas avoir à l'attendre très longtemps.

En 1983, les deux équipes les plus en forme, en ce début de décennie des « eighties », sont les Bleus du rugby et du football.

On a l'un des plus beaux XV de France de l'histoire. Menés par Jacques Fouroux et par son casque d'or Jean-Pierre Rives, les Bleus régalent. Grand Chelem en 1981, et donc le Tournoi des Cinq Nations remporté quelques mois avant le sacre de Noah au tennis, à égalité avec l'Irlande. C'était possible à l'époque. Et que dire de l'équipe de France de football ? On est un an après le cauchemar de Séville, et c'est l'an 1 du règne de Michel Platini en tant que Ballon d'or.

CHAPITRE 3

LE COMMENTAIRE VU PAR...

PATRICK CHÊNE

La nouvelle génération l'a découvert en 2017. On découvre un homme de média vanter les mérites de l'hôpital public, lui qui se soigne contre un cancer. Cet homme, c'est Patrick Chêne. Certains se demandent qui il est, d'autres revoient un visage et réentendent une voix familière qui les ramène 20 ans en arrière. Sa prise de parole fait le buzz, et permet d'ouvrir le débat. Cela montre à quel point le personnage inspire le respect, et ce, malgré son recul par rapport au monde des médias.

Patrick Chêne, dans le style, c'est anglo-saxon. Sobriété, efficacité, justesse, précision. C'est la voix qui rassure quand on découvre, et qui sublime ce qu'on comprend quand on est plus pointu.

C'est aussi une vision qui dépasse le cadre de l'action pure. Du fait de son expérience en presse écrite, en radio, puis à des postes différents dans le milieu du journalisme, Patrick Chêne a changé la façon de faire vivre le vélo à la télévision. N'ayons pas peur des mots. Ce n'est pas juste faire attention à ce qu'on va raconter au public. C'est aussi la réflexion sur ce qui va être mis en place autour de l'action sportive pour que le téléspectateur ne rate rien. Rien de la performance ni des à-côtés.

Le public qui s'est éveillé au vélo avec la voix de Patrick Chêne le dira. C'était agréable, c'était fluide. La plus grande qualité d'un commentateur, c'est peut-être celle de savoir simplifier le propos au point de se dire quand on écoute : « Ça a presque l'air si simple que je pourrais le faire moi-même. » Avec l'ancienne plume du *Progrès* et de *L'Équipe*, c'était encore plus subtil. On aimait sa simplicité, tout en appréciant la richesse de sa culture sportive et générale. Ce qui fait que, lors de chaque course de vélo sur France Télévisions, on était ravi de le retrouver pour nous faire vivre les exploits des plus grands noms du peloton.

Pour terminer cette introduction, on pourrait dire que Patrick Chêne n'est pas la star de l'équipe. Mais c'est celui qu'on va recruter les yeux fermés et en premier, parce qu'on sait que le boulot sera fait, et bien fait. Patrick Chêne, c'est l'évidence.

Patrick, si je vous évoque pour commencer ce métier qu'est celui de commentateur, à quoi cela vous fait-il penser vous concernant ?

Au fait que je suis un commentateur un peu particulier, puisque je suis aussi présentateur. J'ai cette double casquette. Et j'ai adoré ma vie de commentateur. J'ai fini directeur des sports et présentateur du JT, mais mes plus belles émotions, je les ai vécues au commentaire. Je suis très attaché à ce métier-là.

Alors que vous êtes à Antenne 2 dans les années 1980, comment arrivez-vous au poste de commentateur en 1989 ?

Comme tu l'as dit, je suis déjà là, et j'ai un passé de presse écrite derrière moi. Et c'est Robert Chapatte, notre maître à tous, qui vient me chercher. Dans un premier temps, je fais du reportage, puis je crée le Journal du Tour avec Gérard Holtz en 1985. Je le présente l'année suivante, et ce sont des années incroyables au cœur du Tour. En 1989, la direction de France Télévisions veut commencer à travailler la transition post-Robert Chapatte, qui commence à avoir fait le tour de la question et qui n'a plus la santé pour tout porter seul. Ils ont alors cette drôle d'idée de garder Chapatte comme consultant, et de me propulser commentateur. C'est le début de plus de 10 ans d'aventure.

Et, pour la petite histoire, quand je découvre le tracé de ce Tour 1989 et ce contre-la-montre final sur les Champs-Élysées, je me dis que c'est pas une super idée. En général, le Tour est plié avant. Et finalement, ça devient un moment de légende avec ces fameuses 8 secondes de Greg Lemond sur Laurent Fignon. J'ai la chance de commenter ça dès ma première année, et de montrer que le calcul au primaire, c'est important (il laisse un silence)...

C'est-à-dire ?

En fait, pendant les derniers temps du chrono de Fignon, je calcule le temps qu'il lui reste avant de perdre le maillot jaune. Ça va très vite. Et je donne donc avec assurance à l'antenne la phrase : « Laurent Fignon a perdu le Tour de France pour 8 secondes. » Et après avoir rendu l'antenne, Robert Chapatte me dit une phrase exceptionnelle : « Et si vous vous étiez trompé ? » Cette phrase est formidable, et je l'ai gardée en tête.

Vous parliez de votre multicasquette. Ça n'a pas été trop difficile de passer du rôle de présentateur à celui de commentateur ?

J'ai pu commenter du basket avant d'arriver sur le Tour, donc j'étais prêt. Et il n'y a rien de mieux que de rentrer chez les gens. Je revendique à fond le fait de commenter en étant complètement soi-même. Ce qui n'est pas forcément évident, surtout à cette époque. On mérite de rentrer chez les gens quand on leur parle naturellement. Chapatte me disait que j'aimais les gens, et que c'est la base du métier. Je pense effectivement qu'il faut aimer les gens, et ça veut dire leur parler avec naturel.

Pour rentrer dans du concret, comment est-ce que vous prépariez vos compétitions à l'époque, tout au long des années 1990 donc ?

Déjà, si tu fais pas les autres courses, t'es mal. Je suivais donc toutes les courses, même quand on ne les commentait pas. Après, il y a des ficelles. Quand vous regardez la Flèche wallonne, le tracé vous permet de repérer les baroudeurs en forme. J'avais un stress au commentaire, c'était les premiers sprints du Tour ou des classiques. Pour repérer les mecs planqués et ne pas se tromper à haute vitesse de parole. Parce que j'ai connu l'arrivée des lunettes, des maillots et des casques. Avant, c'était facile de repérer les gars. À partir de l'arrivée de ces éléments-là, c'était plus dur et fallait pas se planter. Dans les années 1980, il y avait 90 coureurs et six nationalités. Aujourd'hui, tu as 200 coureurs, et ils viennent de partout, donc l'exercice est plus dur. Et déjà, à mon époque, il fallait ne rien rater, et être informé au maximum avec les moyens qu'on avait.

Comme vos successeurs, avez-vous ressenti la pression d'être la voix du Tour ?

Bien sûr, je l'ai évidemment ressentie, surtout en commençant aux côtés de Robert Chapatte. Mais ça ne m'a jamais inhibé. J'ai un stress plutôt galvanisant. Après, je me souviens m'être pas mal endormi avec l'encyclopédie du cyclisme pour être au meilleur niveau possible. Et puis, bien sûr, je m'appuyais sur mes fiches et sur l'évolution technologique (ordinateurs, bases de données), aussi bien que sur l'esprit collectif pour diluer un peu cette pression. En plus, ça permet d'offrir le commentaire le plus complet possible aux gens. D'être expert et vendeur, ce qui est la base de ce métier.

Il y a un élément qui est apparu pendant votre période au commentaire du Tour, c'est la valorisation du patrimoine. Vous pouvez nous en dire un mot ?

À ce moment-là, j'étais commentateur et aussi patron des sports. Et j'ai amené ce qui était mon idée fixe, à savoir que le Tour n'était pas le Tour de France, mais le Tour de la France. Et donc, je le revendique, j'ai créé éditorialement ces moments de culture en m'appuyant sur Jean-Paul Ollivier qui avait ce goût-là. Encore une fois, c'est un travail d'équipe. J'étais un adepte du silence, moi, pendant le commentaire. J'écrivais même le mot silence sur ma fiche pour laisser l'action se dérouler, et on travaillait sur le son d'ambiance du peloton, puis en allant d'une moto à l'autre. Je trouve qu'aujourd'hui, l'antenne est un peu trop occupée. C'est peut-être une consigne de combler le moindre vide, mais je trouve ça dommage. Qu'il y ait des anecdotes OK, mais bon... De la même façon, j'interdisais au réalisateur de couper l'image de la course. Il y avait le plan sur le clocher, le château ou le fleuve, mais toujours une fenêtre sur la course. Quand je vois qu'aujourd'hui, on peut passer 1 ou 2 minutes sans voir l'action pour montrer un donjon, puis la pub, ça ne me plaît pas. Il peut toujours se passer un truc. C'est le principe même du direct.

Votre méthodologie incluait de travailler la voix et des formules à placer pendant le direct ?

Certainement pas, et ça me fait bien marrer (rires). J'en ai connu certains qui préparaient des *punchlines* en voulant absolument faire LA phrase. Je suis à l'antithèse de ça. Je ne préparais rien, et parfois j'avais de bonnes inspirations. Mais de là à préparer...

En revanche, je travaillais le rythme. La gestion des silences, des accélérations. Et je tenais (comparé à aujourd'hui) à être sur la ligne d'arrivée. Au plus près. Pas dans un camion avec uniquement des écrans. Ça m'a parfois permis de voir le vainqueur avant la photo *finish*, d'être au plus près, et de mettre plus d'énergie et d'intensité dans mon commentaire. J'ai toujours eu la chance d'avoir une voix fiable. Je ne me suis jamais retrouvé aphone.

Quel est votre avis sur le commentaire passionné ? Avec une émotion maximale ?

Je n'ai rien contre ça, mais ce n'était pas ma manière de faire. Ce n'est pas mon école. Si tu mets un passionné de sport derrière un micro, ça ne sera pas bon. Et pour cause, c'est un métier. Ce qui signifier d'accompagner les gens, de les aimer, de leur offrir la meilleure expérience possible. Mais je ne suis pas un acteur, je suis un vecteur. Je sers les plats. Je ne pense pas que Thierry Roland préparait ses *punchlines* quand il a traité l'arbitre ou quand il a fait sa tirade en 1998.

Vous avez démarré votre aventure sur le Tour avec Robert Chapatte, puis vous avez travaillé avec Bernard Thévenet. Racontez-nous un peu cet échange mutuel que vous aviez avec vos consultants.

Si je devais résumer la relation, je dirais ça : quand je pose 400 questions à Bernard Thévenet, je connais déjà 398 réponses. C'est comme ça que ça marche. Exemple : quand je vois une équipe qui ne roule pas derrière une échappée, il y a deux façons de faire. Dire que l'équipe ne roule pas parce qu'elle protège un maillot. Ou bien dire simplement : « Bernard, l'équipe ne roule pas, là », et lui explique pourquoi ça ne roule pas. Je connais la réponse. Mais ce n'est pas à moi de la donner. C'est ça, la base de la relation commentateur-consultant. Lui, il a gagné deux Tours de France, moi non. Je suis meilleur commentateur que lui, mais c'est un spécialiste. Il faut donc savoir se taire et s'appuyer sur le gars qui a gagné.

Je pense avoir installé un bon binôme avec Bernard. Je l'ai entendu par la suite avec d'autres, je le trouvais moins bon, parce qu'il n'était pas mis dans les meilleures dispositions.

Quels étaient vos rapports hors antenne ?

C'était d'une cordialité formidable, il y avait un respect total, mais nous n'étions pas des potes, comme peuvent l'être Grégoire Margotton et Bixente Lizarazu par exemple. On n'était pas intimes. À chaque fois qu'on se croise, je suis ravi de le voir, bien sûr, mais ça restait pro. Pas plus.

Vous avez des exemples avec Chapatte et Thévenet de moments de complicité, que ce soit à l'antenne ou hors antenne ?

Avec Chapatte, on avait un petit jeu qui est devenu un gimmick. À chaque commentaire, on essayait de placer un imparfait du subjonctif. Personne ne l'a jamais su, on le plaçait simplement, et on se faisait un petit clin d'œil complice. Robert aimait la langue française, c'était un érudit, et malgré son air de titi parisien, il avait une culture incroyable. On s'amusait et c'était vraiment génial. Avec Bernard, ce qui m'a vraiment touché, c'est son humilité. Quand on passait à Pra Loup (une station des Alpes du Sud), j'étais obligé de le lancer pour qu'il nous raconte ses exploits face à Merckx. Faut quand même pas oublier que Thévenet, c'est un palmarès de deux Tours de France, à une époque où c'est très costaud en face. Il bat Merckx à plates coutures à cette période, et c'est vraiment rare. Et jamais il ne se mettait en avant spontanément. J'allais le chercher, et c'est ensuite qu'il déroulait ses histoires. Cette humilité-là m'a marqué et beaucoup touché de la part d'un champion pareil.

Vous avez quitté le commentaire du Tour au début des années 2000 pour prendre la direction des sports, présenter le JT entre autres. Comment est-ce que vous jaugez l'évolution de ce job ?

Curieusement, dans ce monde médiatique où il n'y a plus de place pour la synthèse et où ça doit être soit blanc soit noir (ce qui abrutit le public), je trouve que le niveau des commentateurs est plutôt bon. Je prends du plaisir à écouter le rugby sur France TV, le foot sur Canal ou sur beIN... Je ne suis pas dans le « c'était mieux avant ». Même s'il y en a toujours des meilleurs que d'autres, dans l'ensemble, le niveau moyen est de qualité. Même quand on a affaire au troisième ou quatrième binôme d'une chaîne. C'est un indicateur de qualité.

La nouvelle génération vient-elle parfois vous demander conseil ?

Non, franchement non, et heureusement. Alex Pasteur a eu des mots très gentils à mon égard quand il est arrivé sur le Tour en me citant comme inspiration, et c'est très plaisant.

J'ai eu le plaisir de former des présentateurs, des chefs d'édition qui sont en poste aujourd'hui, et ça aussi, ça me fait plaisir. Mais je reste à ma place. On a parlé de l'occupation de la bande sonore et de la gestion du silence qui me trouble un peu parfois, mais voilà quoi… C'est un petit bémol. Autrement, c'est très agréable.

Vous avez gardé un œil sur le Tour de France ?

Pour être franc, maintenant que je suis aux commandes d'un vignoble, c'est compliqué l'été. Je me concentre essentiellement sur les étapes de montagne. Et, en dehors de ça, je ne regarde pas. Les classiques, tout ça, j'ai pas le temps. Ça fait partie d'une grande époque de ma vie, mais aujourd'hui, je suis passé à autre chose. J'ai le sentiment d'avoir bien fait mon boulot, et je suis en paix avec ça. Et j'ai créé un rapport affectif sympa avec les gens sur Twitter. Donc c'est top !

Vous avez eu la chance de commenter de grands moments sur le Tour. L'épilogue fou de 1989, les victoires de Jalabert, de Virenque, d'Indurain, l'affaire Festina, le début de l'ère Armstrong… Quels souvenirs vous remontent ?

Ce que je garde le plus, ce sont les histoires humaines. Fignon a longtemps été un peu fâché de mon commentaire en 1989. Mais je lui ai expliqué qu'avec cette histoire, il est rentré définitivement dans le cœur des gens pour ce côté humain justement. Ce final de 1989, c'est un très grand moment pour moi. Ça m'a donné confiance pour la suite. J'ai interviewé un Président de la République par la suite, mais le plus grand moment au niveau de l'émotion, c'est les 8 secondes de Fignon. Après, les championnats du monde avec Virenque et Leblanc sur le podium, c'était sympa aussi. Laurent Jalabert à Mende le 14 juillet aussi… C'est un sommet de petites choses, mais le point commun, ça reste les histoires humaines. Et ces moments où j'ai pu raconter une chute d'un œil, la victoire d'étape de l'autre, en même temps… Les moments où j'ai senti que je faisais bien mon travail. Il y a une sensation d'accomplissement.

Tout ça, ce sont de bons moments, il y en a eu des moins bons aussi. L'affaire Festina, les débuts d'Armstrong avec de la suspicion dans l'air…

Alors là, comment dire… Je ne suis pas parti pour ça, faut être honnête, mais à partir de 1998, ça devient irrespirable. Il y a ceux qui disaient qu'il fallait fermer les yeux, et les autres qui nous accusaient de ne rien dire.

Si vous me posez la question, la veille de l'affaire Festina, je réponds que ce qu'il se passe avec les Italiens est étrange, mais que nous, en France, faute de résultats, on est propres. En plus, on est quelque mille journalistes sur le Tour. Y en a pas un qui bouge avant. On n'était pas tous complices que je sache. Il y avait une omerta folle. En 1988, je sors l'affaire Delgado, parce que j'ai la preuve. En 1998, je n'ai aucune preuve formelle, donc je ne peux pas. Et après, le plaisir n'est plus là, j'en ai marre de ce Tour 1998. L'année d'après, on nous vend un Tour propre, et puis c'est Armstrong qui gagne. L'histoire officielle est belle, ensuite il y a des investigations faites par des gens courageux. Et nous, les suiveurs au quotidien, on est cocus. Il y avait même des bruits qui disaient que Gérard Holtz se droguait avec les coureurs, lui qui n'a jamais touché une clope ou un verre de vin (rires). Donc, oui, il y a eu de tout, et ça n'a pas toujours été agréable. Mais attention, globalement, ça a été une super aventure.

Pour terminer, Patrick, donnez-nous de vos nouvelles. Comment allez-vous ?

Je suis parti de Paris en 2015 pour me lancer dans cette aventure viticole dans l'Avignonnais. En 2017, je suis tombé malade, et je me suis soigné grâce à l'hôpital public, envers qui je suis vraiment reconnaissant. Et depuis, je suis toujours là, à m'occuper de mon domaine qui marche très bien en France et à l'étranger. Je suis très content, j'ai une vie hyper agréable. Et toujours un suiveur actif des grands événements sportifs. J'ai toujours rebondi pour éviter le combat de trop ; je pense avoir eu la faculté de toujours partir aux moments où les gens auraient aimé que je reste. Et ça, c'est plutôt agréable. Je n'ai aucun regret.

CHAPITRE 4

« APRÈS AVOIR VU ÇA, ON PEUT MOURIR TRANQUILLE. ENFIN, LE PLUS TARD POSSIBLE… MAIS ON PEUT. AH C'EST SUPERBE. QUEL PIED, AH QUEL PIED ! AH PUTAIN ! »

THIERRY ROLAND / JEAN-MICHEL LARQUÉ

12 juillet 1998. Stade de France (Saint-Denis)
Finale de la Coupe du monde de football
France-Brésil (3-0)

On a souvent tendance à dire que dans la vie, la perfection n'existe pas. Qu'on met en général tout en œuvre pour s'en rapprocher le plus possible, en toute connaissance de fait. De cet aspect inéluctable qu'on aura beau s'en rapprocher, ça restera une chimère. Mais, admettons, utopie, que ça existe. Quels en seraient les ingrédients ?

Un passé fort, déjà. De multiples tentatives très rapprochées, lors desquelles on a tutoyé cette extase. Mais qui se sont soldées par un échec. Ici, comment ne pas se souvenir de cette fameuse nuit de Séville en 1982 ? Comment ne pas être d'accord avec Thierry Roland quand il pense que la France est presque en finale ? Presque seulement, car le reste appartient à l'irrationnel. France-Bulgarie 1993 en est un autre, avec ce but assassin de Kostadinov au bout du temps additionnel.

Ensuite, la légende et la quête de perfection se construisent par petites étapes. « Monsieur Foote, vous êtes un salaud ! » en est une. Ces phrases qui servent de ciment et de mortier à une légende qui s'écrit. Dans la quête de perfection, il y a des succès forts aussi. Pas autant qu'une victoire en Coupe du monde, mais on pose des jalons d'un niveau supérieur. L'Euro 84 pour Platini et les Bleus, le titre de l'OM en Champions League en 1993, ou celui du PSG en Coupe des coupes en 1996. Un passé chargé, plein de chapitres ayant déjà marqué une génération.

Un autre des ingrédients nécessaires à la perfection, c'est le contexte du jour J. Ici, comment faire mieux ? Première finale de Coupe du monde pour l'équipe de France à domicile face au pays champion du monde en titre, symbole du football, le Brésil.

Et le dernier ingrédient, c'est l'irrationalité du scénario. 3-0, net et sans bavure, et tout un pays qui rentre dans une extase jamais vue depuis la Libération en 1944. Eh bien, si, c'est possible en fait. Cette phrase de Thierry Roland, c'est la perfection finalement. Revenons-y avec son acolyte de toujours, Jean-Michel Larqué.

Jean-Michel, si on regarde ce 12 juillet 1998 sous le prisme du commentaire, qu'est-ce qui remonte comme sentiments chez vous ?

Je dirais d'abord de la crainte, du trac. Même si la part de stress par rapport au commentaire était plus petite, elle était de toute façon jointe au résultat. Nous étions avec Thierry les premiers supporters de l'équipe de France. Ce n'est pas un commentaire comme un autre, pour un match pas comme les autres. On ne pouvait pas rêver mieux que France-Brésil en finale de Coupe du monde en France. Et une fois passé ce sentiment du temps fugace, alors que normalement toutes les heures et minutes durent le même temps. Là, le temps avait l'air de s'écouler d'une façon différente. C'est passé trop vite presque.

C'est un sommet pour votre duo aussi, cette finale. Vous qui êtes passés si près en 1982 et 1986 en ce qui concerne la Coupe du monde. Ce stress-là, il est induit par le fait que c'est votre moment aussi ?

Non, c'était plutôt un espoir. Thierry vivait pour le football. Et avant la compétition, il m'a parlé de son rêve de commenter une finale France-Brésil au Stade de France. Et puis après, plus rien, il n'en a plus parlé. Il était superstitieux. Il a donc enfoui ce rêve, mais je pense que la phrase qui nous intéresse ici, c'est ce rêve enfoui qui explose à la face de tous au coup de sifflet final.

Vous partagiez cette superstition, Jean-Michel ?

Je dirais que la chance se provoque. Et pour l'équipe de France, c'était le cas. Mais toutes les séries finissent par s'arrêter. Donc plus que de la superstition, c'était de la logique.

LE BOX OFFICE

TITANIC
SORTI LE 7 JANVIER 1998

LES VISITEURS 2 : LES COULOIRS DU TEMPS
SORTI LE 11 FÉVRIER 1998

L'HOMME AU MASQUE DE FER
SORTI LE 1ER AVRIL 1998

TAXI
SORTI LE 8 AVRIL 1998

LE DÎNER DE CONS
SORTI LE 15 AVRIL 1998

Parlons de la préparation de cette finale. Est-ce qu'avec Thierry vous avez un peu changé votre routine ou pas du tout ?

Non, c'était comme toujours, car le scénario n'est jamais écrit. Donc si vous avez un monticule d'infos et que vous voulez les placer à tout prix alors que vous êtes à côté de la plaque, vous avez l'air fin. C'est le match qui dicte le commentaire et pas l'inverse. Ce jour-là, il y a peut-être un peu plus de concentration, un peu plus d'application. Et une envie forte que rien ne nous échappe dans le commentaire du match pur et dur. On a toujours eu cette envie avec Thierry d'être les serviteurs du spectacle et non pas des acteurs du spectacle. Concrètement, on n'a même pas de fiches. Thierry a ses jumelles, il commence avec son « Madame, monsieur, bonsoir. Bienvenue au Stade de France », et après c'est parti. On n'a quasiment aucune fiche sous les yeux.

Mais vous savez, nous ne sommes que des intermédiaires. À la fin d'une rencontre, les gens se souviennent des faits de jeu, des beaux gestes et des buts. Le commentaire vient tellement loin après. Nous, on est là pour expliquer pourquoi telle chose a marché et telle autre non, et pour retranscrire ce que l'on voit, ça s'arrête là. Je soupire quand j'entends du commentaire se prenant pour l'alpha et l'oméga du spectacle. Nous, on devait pas être trop à côté de la plaque, car on est restés quelque temps.

Au début du match, avant le premier but, la France est bien. Malgré tout, est-ce qu'on ose le dire comme ça dans une finale de Coupe du monde ?

Non, mais on est un peu rassurés, parce que le Brésil ne nous prive pas de ballon. Et nous, on est tranchants, on les met en difficulté. Parce que le Brésil des premiers matchs, tu vois pas le ballon. D'ailleurs, avant le match, j'ai en mémoire le France-Brésil de 1958, qu'on joue en grande partie à un de moins. Et même si on leur met deux buts, je me souviens qu'on n'avait pas beaucoup touché le ballon. Il y avait des ressemblances avec le Brésil de cette époque et la génération de 1998. Là, on est rassurés quand on voit que les Français arrivent à tenir le ballon, presser les Brésiliens, et se procurer des occasions de but.

LA PLAYLIST

« TORN »
NATALIE IMBRUGLIA

« SAVE TONIGHT »
EAGLE-EYE CHERRY

« FROZEN »
MADONNA

« MUSIC SOUNDS BETTER WITH YOU »
STARDUST

« MY HEART WILL GO ON »
CÉLINE DION

« LA TRIBU DE DANA »
MANAU

« I BELONG TO YOU »
LENNY KRAVITZ

« ON IRA »
JEAN-JACQUES GOLDMAN

« BELLE »
DANIEL LAVOIE, GAROU ET PATRICK FIORI - NOTRE-DAME DE PARIS

« ANGELS »
ROBBIE WILLIAMS

Vient cette 27e minute et le premier but de Zidane, qu'en tant que consultant vous voyez presque arriver…

Oui, mais il faut que le corner soit bien tiré. Et là, il arrive dans la zone parfaite, entre le premier poteau et les 5, 50 m. Plus près de la ligne de surface de but que du point de penalty d'ailleurs. Il est tiré tendu parce que Zizou n'a pas besoin de sauter aussi haut que CR7 pour la smasher. Et je me souviens que les Brésiliens avaient peur de se prendre un penalty comme contre la Norvège en poule. Cela faisait partie des consignes de l'entraîneur, Zagallo à l'époque, de faire attention à ne pas faire de faute. Donc le marquage est un peu large sur les coups de pied arrêtés. Et Zidane et les Français en ont profité.

À la mi-temps, il y a 2-0 pour les Bleus. Avec Thierry, vous êtes dans quel état d'esprit ? Vous commencez à y croire ?

Pas encore. Moi je ne me suis jamais dit qu'ils ne reviendraient pas. Et je pense que Thierry, dans un coin de sa tête, s'est souvenu d'une remarque que je lui avais faite à 3-1 lors de France-RFA 1982. Il avait dit : « C'est *in the pocket*, mon petit Jean-Mimi ! » Je lui avais répondu qu'il faudrait encore attendre un peu. Et vu le dénouement... Je pense qu'il s'est souvenu de ça, et que du coup il n'a rien dit. Il a vraiment attendu le but de Petit pour ça.

L'arrêt de Barthez face à Ronaldo, l'expulsion de Desailly... Et puis, le but de l'extase d'Emmanuel Petit avec un Thierry Roland qui là a compris que c'était fini, et qui se lâche...

Oh oui, je pense qu'il a dû verser sa petite larme, même si je n'ai pas regardé sur le moment, derrière ses jumelles. Nous, on est encore dans le match et il y a cette contre-attaque avec Dugarry, Vieira, puis Manu qui vient conclure. Et je dis à Patrick : « À gauche, à gauche ! » Et quand Petit finit, Thierry me dit hors micro : « Là, Jean-Mimi, je vous parie qu'on va gagner ! » (Rires.) Et là, il y a 27 ans de vieux couple qui font qu'on est fluides sur ce but.

On arrive au coup de sifflet final et cette fameuse phrase légendaire. Vous avez conscience que quoi que vous disiez, ça restera dans l'histoire ?

Absolument pas. Et ce qu'il dit Thierry, j'ai trouvé ça fabuleux. C'était 50 ans de vie voués au sport qui sont sortis dans cette phrase. C'était probablement le plus beau jour de sa vie. Et au même titre que le pauvre Thierry Gilardi à Berlin en 2006, ce sont des gens de talent avec un sens aigu de la phrase. Et ces gens-là, on les a perdus. Couderc, même parfois dans l'excès, nous faisait vivre le rugby de manière unique aussi. Et Dieu sait si on en a souffert de ces « pisse-froid » qui ne voulaient pas que le commentaire soit parfois orienté, voire chauvin. Ces gens-là n'ont rien compris. S'ils se mettent à côté d'un Sud-Américain en tribune de presse, ils verront la différence.

C'est aussi le plus beau moment de votre carrière, ce 12 juillet 1998 ?

On a été gâtés avec Thierry. Avec les Bleus, Marseille, Bordeaux... On a traversé une période bénie du football français. On a eu beaucoup de chance et on en a profité. Bien sûr qu'il y a aussi des souvenirs plus tristes comme le France-Bulgarie de 1993, la catastrophe de Furiani ou les défaites en finale de Coupe d'Europe des clubs français, mais on a eu la chance de vivre plus de moments de joie que de moments de tristesse, on ne va donc pas faire la fine bouche. Et ce France-Brésil, il tutoie les sommets, bien sûr.

Avec autant de temps passé avec Thierry Roland, on peut clairement parler de couple de commentateurs. Y a-t-il un moment hors antenne qui illustre la force de cette notion ?

Je me souviens que quand on avait des matchs à Londres, Thierry aimait rester plutôt 4 jours sur place, plutôt que les 2 classiques. Moi, je ne pouvais pas m'absenter autant de temps, je dirigeais la publication chez Hachette. Et il me disait : « Allez, viens, on va passer de bons moments à Londres. » Il avait ses adresses et il regrettait que je ne sois pas présent plus longtemps pour profiter de Londres avec lui.

Il avait ses habitudes aussi, et certaines me faisaient rire. La veille des matchs, il me demandait à quelle heure il fallait appeler le rongeur le lendemain matin. Le rongeur, c'était le taxi. Parce que même à l'arrêt, le compteur tourne et qu'il ronge les billets (rires). Et, arrivé au stade, il demandait à Sylvaine – qui était notre maman à nous deux, qui s'occupait de nous – de lui faire passer la composition des équipes plus de 2 heures avant le coup d'envoi.

« Mais, Monsieur Thierry, vous savez qu'ils ne donnent les compositions qu'une heure avant le match. Sinon c'est illégal ! » elle lui répondait.

« Ah, ils sont nuls ! Ils sont nuls » et il s'énervait comme ça (éclats de rire).

Moi, j'avais beau lui dire à chaque fois qu'il savait très bien que l'on aurait les compositions qu'une heure avant le match, il faisait le même coup à chaque fois. Et on s'en amusait, car il mettait beaucoup de sentiments.

À titre personnel, Jean-Michel, on peut dire que vous avez pu exercer votre métier de consultant aux côtés de deux monstres sacrés...

(Il coupe.) C'était les deux plus grands. Sans l'ombre d'un doute.

Et quand on compare votre carrière et son impact sur le public à l'impact d'un Pierre Albaladejo pour le rugby, vous répondez quoi ?

Alors moi, je ne le dis pas. J'ai une énorme admiration pour « Bala ». Il a été le précurseur, l'exemple à suivre. Je ne m'en suis pas inspiré à l'antenne en revanche, parce que nos deux sports sont très différents. Le football est un sport plus rapide, avec moins de temps morts que le rugby, donc pour se placer et au niveau du débit, ça n'a rien à voir. D'ailleurs, c'est très dur de passer de l'un à l'autre. Pour la petite histoire, je sais que « Bala » a commencé par faire du foot avant de devenir le demi d'ouverture de Dax.

Nos chemins auraient peut-être pu se croiser. Mais c'est sûr que cette comparaison me va droit au cœur, bien évidemment.

Quand vos successeurs parlent de la lourde tâche de prendre la suite d'un duo comme celui que vous avez formé avec les deux Thierry, qu'est-ce que ça vous évoque ? Et quels sont vos rapports avec la nouvelle génération ?

Vous savez, j'ai toujours eu mon franc-parler. Et j'ai pour habitude de savoir tourner la page. J'ai été viré de TF1 en 2 minutes si je suis généreux. Et j'ai tourné la page de suite, et jamais vous ne trouverez une déclaration où je parle de ça par la suite. Ainsi va la vie. On prend la place de quelqu'un et quelqu'un prend notre place. Aujourd'hui, c'est une autre manière d'aborder le football, de le présenter. Je suis content malgré tout quand on vient me parler des soirées européennes avec Roger Zabel à la présentation. C'était de vrais rendez-vous.

Vous trouvez que la surconsommation de matchs enlève un peu de saveur à cette idée de rendez-vous ?

La seule chose sur laquelle je ne suis pas d'accord, c'est qu'on veut tout expliquer. Mais on oublie que, dans un match de foot, face à l'équipe favorite, il y a une autre équipe qui a aussi envie de gagner. On fait fi de cette situation, et ce nombrilisme centré sur l'équipe « bankable » m'exaspère parfois un petit peu. C'est très français de se considérer comme les plus beaux, les plus grands et les plus forts. Et que l'on considère qu'on détient la vérité.

Comme vous voyez encore plein de matchs aujourd'hui pour le plaisir et pour les besoins de la radio (sur RMC), ça vous arrive de ressentir un petit manque du poste commentateur ?

Non, parce que comme je vous l'ai dit, j'ai tourné la page. Le 31 décembre 1979, j'ai arrêté ma carrière de joueur, et le 1er janvier 1980 je ne l'étais plus, et j'étais déjà passé à autre chose. Là, c'est pareil, j'ai complètement basculé. Et je ne m'imagine à la place de personne, tout le monde peut se rassurer.

Ma dernière question tourne autour de l'héritage que vous laissez, Jean-Michel. Vous y pensez parfois, à toutes ces phrases, ces analyses, ces moments que vous avez partagés avec le public ?

J'estime avoir eu une vie magnifique. Et c'est difficile d'avoir du recul sur tout ça. Pourquoi choisir Saint-Étienne alors que je dois aller à Pau ? Et finalement, j'ai passé des moments incroyables à Saint-Étienne. Pourquoi, un jour, j'ai cru monsieur Raymond Castans (ancien directeur de RTL à la fin des années 1970) qui m'a dit : « Ah, Jean-Michel, vous voulez arrêter ? Moi, j'ai quelque chose pour vous. Il faut que vous fassiez de la radio et de la télévision, parce que je pense que ça marchera. » Et j'ai commencé comme ça sur Antenne 2, avec *Stade 2* et ce métier de commentateur. J'ai donc toujours eu des gens qui ont placé leur confiance en moi. J'ai eu des opportunités, et beaucoup de chance aussi. Chacun maintenant vit sa vie, moi j'ai fait la mienne, et j'en suis très heureux. Et peut-être que si demain j'ai une toute petite remarque positive parce que j'ai été plutôt bon que mauvais, ça ne me déplairait pas. Mais je ne vais pas non plus aller chercher les honneurs. J'ai fait mon temps, c'était une époque vraiment bénie, et j'espère que ceux qui m'ont succédé auront les mêmes occasions de se faire plaisir !

L'ACTU EN FRANCE

Ceux qui ont connu ce doux parfum de Coupe du monde de foot en France savent à quel point l'atmosphère dans la première moitié de l'année était suspendue à cet événement sans précédent chez nous. Dès l'inauguration du tout nouveau Stade de France dans le froid glacial de ce 28 janvier contre l'Espagne (1-0, but de Zidane... déjà), le compte à rebours commence pour ce qui sera de toute façon l'événement de l'année.

Alors, bien sûr, l'actualité nous impose ses sombres soubresauts. L'assassinat du préfet Claude Érignac en est un tragique le 6 février. Quelques jours auparavant, le 2 février, le monde a perdu le volcanologue Haroun Tazieff.

Le fait d'actualité principal restera le vote de la loi Aubry sur les 35 heures trois jours après la cérémonie d'ouverture du Mondial, le 13 juin. Applicable à partir du 1er janvier 1999, c'est une loi qui aura un lien central dans les mouvements sociaux futurs.

FOCUS SUR DEUX PHÉNOMÈNES TÉLÉ

Ils nous viennent des deux extrêmes opposés du globe, et vont envahir nos petits écrans en 1998, au point de devenir deux phénomènes de société.

À ma gauche, c'est une tueuse de vampires super *badass* entourée de sa bande de potes, à laquelle chaque ado peut s'identifier. Ses aventures vont battre des records d'audience, qui vont bien aider au développement de M6, et même permettre à des sujets comme l'homosexualité ou le rapport parent-enfant d'être discuté dans les collèges. Venant de Sunnydale aux États-Unis, j'ai nommé... *Buffy contre les vampires*.

À ma droite, ils nous viennent tout droit du Japon. Ils vont déferler comme un raz-de-marée sur la

France. Tous les enfants vont s'échanger leurs cartes dans les cours d'école et ne rien rater des aventures de Sacha, Pierre, Ondine, Pikachu, Bulbizarre et tous leurs potes. On se balade encore en essayant de les capturer sur nos smartphones aujourd'hui, j'ai nommé... *Pokémon* !

CHAPITRE 5

« ESSAI DE CHRISTOPHE DOMINICI, C'EST UN GÉNIE ! »

CHRISTIAN JEANPIERRE

31 octobre 1999. Stade de Twickenham (Londres)

Demi-finale de la Coupe du monde de rugby

France-Nouvelle Zélande (43-31)

Aucun autre que lui n'a une expérience aussi complète à la télévision française. Et si on sort de nos frontières, on les compte sur les doigts d'une main. Christian Jeanpierre, c'est seize compétitions internationales au commentaire, que ce soit au foot ou au rugby. Coupes du monde, championnats d'Europe, aux côtés de consultants comme Jean-Michel Larqué, Arsène Wenger ou encore... Bernard Laporte, qui a bien fait de parier sur l'issue de cette demi-finale de 1999. Car oui, on parle ici de l'un des moments les plus incroyables de l'histoire du sport français. Ce match a été qualifié par certains observateurs anglo-saxons de « biblique ». Biblique par son affiche qui a des allures de David contre Goliath. Et puis le scénario. Imprévisible.

Pour revenir sur le parallèle entre David et Goliath, qui aurait pu croire que des deux protagonistes, ce serait le moins attendu qui triomphe ? Car si Jonah « Goliath » Lomu tient son rang, avec notamment un essai à la 24e minute, qui met sur le flanc la moitié de l'équipe de France absolument dingue, en face Christophe « David » Dominici n'est pas en reste. Il transperce la muraille noire dès le début du match sur une action qui débouche sur le premier essai de « Titou » Lamaison. Et sa deuxième période est un récital, qui commence avec cette action absolument incroyable dont nous allons détailler chaque temps fort avec Christian Jeanpierre.

L'irrationnel est l'allié le plus fidèle du commentateur. C'est lorsqu'il fait son apparition que le talent a toute la place pour s'exprimer. Et que la personnalité de celui qui nous transmet les émotions ressort dans ce qu'elle a de plus pure. Pour Christian, un aspect est à mettre en valeur ici, au-delà des qualités professionnelles qu'il a développées à TF1, Europe 1 ou encore sur New World TV. Une envie de partager venant d'un grand cœur, en témoignent toutes les initiatives caritatives qui rythment l'année de l'ancien de la une. ELA, Premiers de cordée, dont il partage le parrainage avec Kylian Mbappé notamment, et Les Enfoirés, pour lesquels il ramène les sportifs.

C'est ce goût des autres que l'on retrouve dans le commentaire de ce France-Nouvelle-Zélande du 31 octobre 1999.

LE BOX OFFICE

MATRIX
SORTI LE 24 MAI 1999

TOUT SUR MA MÈRE
SORTI LE 19 JUIN 1999

LA MOMIE
SORTI LE 21 JUILLET 1999

COUP DE FOUDRE À NOTTING HILL
SORTI LE 18 AOÛT 1999

STAR WARS : ÉPISODE I - LA MENACE FANTÔME
SORTI LE 13 OCTOBRE 1999)

« Je ne suis pas un gros cinéphile. Je vais voir les films de Jean Dujardin et ceux de Philippe Lacheau qui sont des amis. Je me contente des films de mes potes. Ils sont tellement talentueux que j'y perds pas au change. »

Christian, on va se plonger très vite dans ce moment dingue qu'est ce France-All Blacks de 1999. Quel sentiment remonte immédiatement quand on évoque ce match et cet événement ?

Aujourd'hui encore plus qu'avant, c'est cet essai de Christophe Dominici. Et je n'aime pas classer les émotions que j'ai vécues, parce que je suis chanceux d'en avoir vécu plein, mais c'est l'un des plus beaux moments de ma carrière. Parce que c'est inattendu. Tout le monde nous voit perdants, le contexte est moyen, et cette seconde mi-temps est hallucinante.

Je me souviens qu'au-dessus de moi, il y a Pierre Albaladejo, qui avait les larmes aux yeux et aux côtés de qui j'ai quitté le stade. La voix historique de la BBC, Bill McLaren, qui me dit après que je viens de commenter le plus beau match de l'histoire du rugby avec son accent écossais. Et puis Bernard Laporte, qui m'avait promis qu'il mangerait du rat si on gagnait, et qui a tenu parole. On fait ce métier pour ça.

On sent que ça a laissé de sacrées traces quand je te regarde...

C'est très simple, pour te faire une ellipse, j'ai commenté la finale de la Coupe du monde 2022 de foot. À la mi-temps, tout le monde nous voit perdre. Moi, ayant vécu 1999 avec le rugby, je sais que tout peut encore arriver, parce que le sport est merveilleux. Oui, ça a laissé des traces, mais de belles traces !

Tu es d'accord si en t'évoquant je parle de commentaire positif, c'est-à-dire celui qui va toujours chercher l'espoir dans les moments compliqués ?

Ah oui complètement, je le revendique. Et tous les commentateurs ne sont pas comme ça. J'ai horreur du commentaire négatif. On parle à des gens qui nous regardent pour mettre leurs problèmes de côté le temps d'un match. C'est pas pour chouiner à l'antenne. Et je pense être comme ça parce que j'ai un respect sans fin pour les joueurs.

LA PLAYLIST

« BLU DA BA DEE »
EIFFEL 65

« TOMBER LA CHEMISE »
ZEBDA

« BOMBA ! »
666

« UN JOUR VIENDRA »
JOHNNY HALLYDAY

« BAILAMOS »
ENRIQUE IGLESIAS

« ALLER PLUS HAUT »
TINA ARENA

« IF YOU HAD MY LOVE »
JENNIFER LOPEZ

« WILD WILD WEST »
WILL SMITH

« SUMMER SON »
TEXAS

« HEARTBREAKER »
MARIAH CAREY

« Je vis musique. Je suis batteur, on fait l'Olympia chaque année. J'adore la variété française et le pop-rock. De Cabrel, Goldman, Souchon aux Beatles, Rolling Stones et Coldplay. »

En 1999, on est donc un an après le sacre des Bleus au foot. Comment tu bascules en mode rugby pour préparer ce Mondial 1999 de rugby ?

Je me sors complètement du foot justement. À fond dans le *Midi olympique*, *L'Équipe* et je parle aux joueurs. La prépa, c'est une année à tout lire et relire, à préparer les fiches, les histoires sur chacun. Et je mets à jour le tout au fur et à mesure que la compétition avance. J'ai une anecdote marrante après un quart de finale glacial en Irlande. On arrive à Londres pour préparer la demi de la France, et la clim est à fond dans l'hôtel. Le matin du match, je suis aphone. Panique. J'appelle Thierry Roland qui me conseille le miel et le thé chaud. Et ajoute à ça la fièvre. France-All Blacks, je le fais avec 40 °C de fièvre. D'ailleurs, si tu réécoutes l'essai de Dominici, la voix saute. Ça n'aurait pas été le cas si j'avais été en forme.

Comment se passe ton avant-match, avant d'aller à Twickenham ?

Je fais du sport tous les jours, et je ne déroge pas à la règle ce jour-là. Ça démarre très tôt à 6 h, c'est l'école Arsène Wenger. Et sur une journée importante, je suis calé dans une routine bien rodée, avec très peu de place pour l'imprévu. Une heure de revue de presse, une heure de revue d'effectif, une heure de coups de fil... C'est ma discipline, quoi ! J'ai besoin de bosser avant pour arriver tranquille au match.

Dans quel état d'esprit tu arrives au stade ? Tu es optimiste ?

Oui, toujours. Je suis persuadé qu'on peut les battre. Tant qu'il y a de la vie, il y a de l'espoir ! J'arrive donc avec ce petit sentiment qu'ils peuvent nous faire quelque chose de grand, nos Bleus.

En première mi-temps, Lomu est colossal, et on est dominés par les Blacks. Mais on s'accroche...

Oui, et il y a autre chose. On sent à la fin de la première mi-temps de la condescendance de la part des Blacks. Ça relance de partout, en mode rugby champagne. J'adore repérer ce genre de signe. Et je dis à l'antenne qu'il ne faut pas chambrer : tu finis toujours par le payer, parce que souvent ça survolte les mecs en face. Je le dis quand la mi-temps est sifflée, ça, je m'en souviens.

Arrive cette seconde période, et ce coup de pied par-dessus...

Oui, je m'en souviens très bien. C'est Fabien Galthié qui tape par-dessus, le rebond est parfait pour Christophe (Dominici) qui arrive à fond et qui dépose tout le monde.

C'est là que tu dis : « C'est un génie »...

Oui, parce que c'est ce qui me vient sur le moment. Il fait déjà un super match Christophe. C'est lui qui met le feu sur le premier essai de Lamaison en 1re mi-temps, donc le voir faire ça, ça explose. Tu vois, ça sort comme ça, j'ai rien préparé. Et je peux pas imaginer qu'on peut préparer ce genre de truc. Quand on m'a dit que certains le faisaient, j'ai halluciné. Là, c'est le cœur qui parle.

De tous les essais de ce match, c'est sur celui de Dominici que tu t'enflammes le plus. Pourquoi ?

Je sais que c'est la bascule du match. Celui-là, il change tout. Ça nous permet pas de passer devant, pas encore. Mais on passe du bon côté de la force et ça, je le sens. Commenter, c'est du *feeling*. Tu captes l'atmosphère. Là, je sens qu'on va les bouffer. Tu regardes les attitudes et tout... Le vent tourne sur cette action.

Techniquement, dans la manière d'accompagner cette action qui change tout, tu es satisfait de ton commentaire ?

Finalement, j'ai pas à être satisfait ou pas, mais tout le monde m'en parle. C'est fou comme sur les grands matchs tu imprimes des mots dans la tête des gens. En fait, j'ai même pas à être satisfait, l'impact est ce qu'il est. J'en ai pas mal ri avec Christophe de ce moment. Pour lui, c'était aussi un moment très fort, on est donc liés quelque part. J'assume totalement le « C'est un génie ». Je préfère ça que de dire : « Oh la la ! C'est joli ce qu'il a fait, là » ou un truc comme ça.

La France finit par s'imposer 43-31 dans ce match de légende et se qualifie pour la finale. À quel moment tu prends conscience que ton commentaire a marqué les esprits ?

Si je me souviens bien, quasiment de suite après parce qu'on m'en parle. Tout le monde reprend l'extrait parce que c'est sur TF1. Et depuis ce jour-là, quand le public m'en reparle, c'est le côté agréable du métier. Ça n'a été que des mercis. Les gens ont de la mémoire, et c'est vraiment le côté sympa du job quand on te rappelle ces moments-là. Moi, j'ai toujours en mémoire les envolées de Thierry Roland, Jean-Michel Larqué, Roger Couderc et Pierre Albaladejo qui sont mes références. Donc, quand j'ai ce rôle-là auprès des gens, j'en suis hyper heureux et touché.

Plus globalement, Christian, tu es arrivé dans le commentaire en 1992. Quel regard tu as sur le métier aujourd'hui ?

Évidemment, je pense que les réseaux sociaux ont changé plein de choses, et pas qu'en bien. Ils peuvent influencer le commentateur dans ses mots, et ça me gêne un peu. Tenir compte de ce que disent les réseaux sur le match quand on revient à l'antenne pour une 2e mi-temps, et orienter ses mots en fonction de ça, j'aime pas. Il faut faire attention à ça, et surtout ne pas en tenir compte.

Et concernant l'abondance de stats et le public qui est de plus en plus informé et spécialiste ?

Un seul mot : l'émotion. Et ça, je suis pas sûr que ça s'apprenne. Si tu sais transmettre de l'émotion aux gens, être curieux, les aimer, et surtout continuer de considérer que ce métier est le plus beau métier du monde, tu as tout gagné. Il faut être heureux de le faire, ce job.

Concernant les stats, les datas, etc., ça sert seulement quand le match est pas terrible. Là, tu peux ressortir intelligemment ce que tu as bossé. Mais si le match est fou comme la demi-finale de 1999, t'es dans l'émotion. T'as pas besoin de stats dans ce genre de moment. Le sport en direct, c'est le dernier espace de vraie liberté à la télé. C'est de la drogue douce. Il faut croquer tout ça à pleines dents, et le meilleur moyen, c'est l'émotion.

Tu as vécu le boom des réseaux sociaux. Avec le recul, tu penses que vous auriez pu être mieux préparés à ce que ça peut entraîner ?

Non, je ne pense pas. On l'a vécu, et c'est tout. J'ai eu la chance d'avoir des patrons qui me faisaient confiance, qui rigolaient et qui s'en foutaient quand on se faisait chahuter sur les réseaux. Étienne Mougeotte et Nonce Paolini connaissaient le sport. Ils n'avaient pas besoin de lire les commentaires sur Internet pour jauger les commentateurs. Les réseaux, c'est comme si tu étais musicien, tu joues à l'Olympia où il y a 2 000 personnes. Tout se passe bien, à part 10 mecs au fond à droite un peu bourrés qui te chauffent. Et toi, plutôt que de profiter des 1 990 autres qui ont passé un bon moment, tu vas jouer un solo exprès pour ces 10 mecs. Donc moi, distance maximale avec tout ça. Et quand je *drive* des petits jeunes, je leur dis de s'en foutre, qu'ils ne seront pas jugés là-dessus. C'est le rôle d'un patron d'avoir un avis propre, pas dicté par quatre followers bizarres. Si tel est le cas, c'est vraiment triste pour les mecs.

Comment tu vois le futur de ce métier ?

Le futur du sport à la télé, c'est le digital. Quand tu vois l'Eleven All Stars 2022, tout ce que mettent en place ces influenceurs… Respect, et bravo !

Ils respectent le public, et finalement il y a plus de monde qui les regarde eux que les prime times du dimanche sur TF1. C'est la base, le respect du public. Je suis fasciné par ces mecs-là, plus que par la génération Canal.

Je te sens à fond dans la transmission vers cette nouvelle génération justement…

Oui, à fond ! Je suis ravi de voir qu'ils rendent au top la confiance que tu leur donnes. C'est un peu comme un entraîneur qui protège son attaquant quand il démarre, et ça finit sur une accolade après le triplé dudit attaquant (rires) !

Parlons du consultant. Sur France-All Blacks, c'est Bernard Laporte. Un mot sur votre binôme ?

J'ai commenté avec mon pote. Je le connais depuis Gaillac, et je pense qu'à l'antenne, y a pas photo. C'est un moment de partage, et le gars dans son canapé sent tout de suite si c'est *fake*. Il faut créer de l'amitié, un lien fort. Bernard, je vais le rechercher en 2015, on fait la finale ensemble, et il est génial. Et tu vois, en 1999, on parle là de l'essai de Christophe, c'est comme de la musique. On est en harmonie et dans le partage. On ne compte pas notre temps de parole, *feeling* total. Et la magie, la complicité et l'amitié forte ont fait le reste. Ça déroule.

Plus globalement, j'ai un regret, mais c'est pas sur France-All Blacks. C'est après, sur les Bleus du foot, de ne pas avoir laissé plus de place à Arsène Wenger. J'ai eu la chance de travailler avec des sommités, que ce soit dans le foot ou dans le rugby.

Tu as commenté beaucoup de moments forts du sport français, qu'ils soient bons ou mauvais. Ce match de 1999 en est un bon. Tu en as d'autres qui te restent un peu plus forts ?

Il y a énormément de bons, bien sûr. Plus de bons que de mauvais, et heureusement ! Mais j'ai aussi commenté les matchs de ce terrible mois de novembre 2015 avec la Marseillaise reprise en chœur et en français par les Anglais à Wembley. Et puis 2010, avec cette équipe de France détestable et incommentable. On était la risée du monde, et c'était très dur. Quand ils font grève, on a honte d'être français. On a fait le boulot, mais bon... À choisir, je préfère le Barça-Manchester de 2011, le France-Ukraine de 2013, et bien sûr le France-Nouvelle-Zélande de 1999. Même si techniquement, je suis meilleur aujourd'hui qu'à l'époque.

Pour finir, Christian, être présent dans ces commentaires et moments de légende, c'est lié au retour qu'on peut te faire sur le fait de nous avoir fait vivre ce sacré moment en 1999 ? Ce plaisir d'avoir partagé ça ensemble ?

Oui, pour moi il n'y a que ça qui compte. L'avis du public a toujours dicté ma conduite. Je ne conseille pas du tout aux jeunes de partir en quête de ça, surtout pas de préfabriqué. Il faut prendre du plaisir naturellement, en s'éclatant à faire ce fabuleux métier. Et ça rejaillit forcément sur le public.

L'ACTU EN FRANCE : ET TOUT LE MONDE LEVA LA TÊTE

Au cœur de l'été 1999, c'est un événement rare qui va être à portée de nos yeux en France. Enfin, presque. La toute dernière éclipse totale du Soleil, prévue le 11 août. Pour ceux qui s'en souviennent, rappelez-vous cette folie pour se procurer les fameuses lunettes protectrices afin de ne pas risquer des brûlures. Dans le nord de la France, le spectacle est total. La lune passe devant le soleil, et en plein milieu de l'après-midi, il fait nuit noire pendant quelques minutes. Les reportages, les documentaires sur ce phénomène astral pullulent sur toutes les chaînes. L'impact sur les animaux, sur le soleil, sur les marées... Tout est disséqué. Et les Français ne bouderont pas leur plaisir. Un chiffre se dégage : 77 % des gens assurent avoir stoppé leur activité pour observer le phénomène. Bien leur en a pris, car pour observer la prochaine éclipse totale du soleil en France, il faudra attendre le 3 septembre 2081.

L'ACTU MÉDIA : LE PRIME DE LAGAF'

À une époque où le créneau de l'*access prime time* est grandement dominé par les jeux, un programme se détache. Véritable phénomène, il ne laisse à ses concurrents, comme *Qui est qui* de Marie-Ange Nardi, que des miettes d'audience.

Le co-animateur est un extraterrestre en 3D répondant au nom de Bill. Et l'animateur, c'est Vincent Lagaf'. *Le Bigdil*, en 1999, c'est en moyenne 5 millions de téléspectateurs par jour. À titre de comparaison, les talk-shows d'aujourd'hui sabrent le champagne quand ils touchent ou dépassent les 2 millions. *Le Bigdil*, c'est drôle, c'est osé, c'est à la portée de monsieur et madame Tout-le-Monde, à une heure où l'envie principale, c'est se détendre. Les sourires et la joie sont récompensés quand Lagaf' est désigné personnalité télé de l'année lors de la cérémonie des 7 d'Or, au nez et à la barbe des stars du journalisme. Bip Bip ?

CHAPITRE 6

« PAS ÇA, ZINÉDINE ! OH NON ! PAS AUJOURD'HUI, PAS MAINTENANT, PAS APRÈS TOUT CE QUE TU AS FAIT ! »

THIERRY GILARDI / STÉPHANIE ARNAL

9 juillet 2006. Olympiastadion (Berlin)
Finale de la Coupe du monde de football
Italie-France (1-1, 5-3 t.a.b.)

Dans toute l'histoire du commentaire, difficile de trouver des mots, des phrases, un monologue faisant l'unanimité. C'est tellement subjectif. Et d'ailleurs, comment jauge-t-on la perfection potentielle d'un commentaire ? Quels facteurs rentrent en ligne de compte ?

Le contexte, bien sûr. Plus il est prestigieux et sous tension, plus ça compte. Les protagonistes ensuite. Que ce soit le ou les joueurs, et bien sûr, la ou les voix qui accompagnent l'instant. Et puis, il y a la dramaturgie. L'aspect inattendu (joyeux ou triste d'ailleurs) du moment en question. Et la façon que va avoir le commentateur de trouver les mots justes.

Et en ce soir du 9 juillet 2006, aux alentours de 22 h 30, c'est un moment qui va bien au-delà de la description qui vient d'être faite plus haut. Puisque pendant quelques secondes qui semblent durer des heures, ce sont des millions de gens qui, choqués et prostrés, vont se taire. Car dans ce genre de moments, les mots ne sortent pas. C'est pas possible.

Ils vont se taire, mais ils vont penser, presque à haute voix. Et ces mots qui sont presque palpables tant ils vagabondent dans l'air, une personne va les donner à haute voix, dans un micro. Une personne qui est sur place. Cette personne, c'est Thierry Gilardi. Thierry Gilardi incarnait l'expérience, la justesse, la précision. Un acharné de travail, aussi dur avec les autres qu'il l'était avec lui-même. En 2006, il est la voix de l'équipe de France depuis janvier 2005. Cette finale de Coupe du monde, il sait qu'elle sera légendaire. Car c'est le dernier match d'une légende. De LA légende, Zinédine Zidane. Et ce jour-là, Thierry Gilardi est comme tous les Français. Il veut pour le légendaire numéro 10, qu'il connaît bien depuis ses années Équipe du dimanche sur Canal, une sortie à la hauteur de sa légende.

Et la légende, ils vont la partager dans le moment le plus tragique de cette fresque qu'est ce France-Italie.

Ce commentaire, il est parfait pour plein de raisons. Malheureusement, Thierry Gilardi n'est plus là pour les analyser. Alors, pour comprendre ce moment de grâce au plus haut de la tristesse que peut donner un match de foot, il faut une spécialiste. Stéphanie Arnal est psychologue spécialisée dans les émotions. Avec ses yeux de professionnelle, nous allons tenter de répondre à la question : pourquoi ce commentaire de Thierry Gilardi est-il considéré comme parfait ?

LE BOX OFFICE

LES BRONZÉS 3 : AMIS POUR LA VIE
SORTI LE 1ER FÉVRIER 2006

LA DOUBLURE
SORTI LE 29 MARS 2006

OSS 117 : LE CAIRE, NID D'ESPIONS
SORTI LE 19 AVRIL 2006

CAMPING
SORTI LE 26 AVRIL 2006

DA VINCI CODE
SORTI LE 17 MAI 2006

La réponse est remplie de petites explications qui, mises bout à bout, amènent à une conclusion remplie de simplicité. Une chose est sûre : ce qu'a réussi Thierry Gilardi ce soir du 9 juillet au comble de la tension, c'est de l'excellence pure. À la hauteur du tragique de ce moment dont il est impossible de se sortir l'image de la tête.

Stéphanie, merci de venir nous éclairer de manière quasi scientifique sur ce commentaire.

Commençons par parler du contexte qui entoure ce match. Finale de Coupe du monde, dernier match pour l'idole absolue Zinédine Zidane... Ça fait beaucoup de jalons posés pour un moment de légende...

Oui, et dans ces jalons, il faut évidemment prendre en compte le fait que c'est une finale de Coupe du monde, que le peuple attend de vibrer de nouveau, comme en 1998. Parce qu'il a des points de repère qui étaient déjà là pour la première victoire. Ce n'est pas un cycle complètement nouveau. Et Zidane en est l'incarnation. Une émulation se reforme entre le public et l'équipe pour vivre une nouvelle lune de miel.

Et puis, on va en reparler, mais le déroulement du match, sa dramaturgie, les différents petits événements qui amènent à cette action et à ce commentaire forment une montée en tension. Cette action, c'est le climax de la tension qui est présente partout.

Il y a ce contexte global dont on vient de parler, mais il y a aussi le contexte entourant Thierry Gilardi, dont c'est la première compétition en tant que voix des Bleus sur TF1. Au fur et à mesure de la compétition et des exploits des Bleus (Espagne, Brésil, puis Portugal), il se retrouve lui aussi projeté dans l'inconnu. Ça peut jouer, cette notion de première ?

Oui et non. Ça peut jouer dans la fraîcheur et dans la spontanéité des mots qu'il va donner. Il arrive à un moment de sa carrière où sa légitimité ne peut plus être remise en cause d'aucune façon. Il a un timbre de voix identifiable, il a trouvé une osmose dans son tandem avec Jean-Michel Larqué, ce qui le place dans une certaine confiance pour donner le meilleur. Et puis, à cet instant-là, dans ce genre de moment, c'est la voix du peuple. La relation change, ce n'est plus seulement quelqu'un qui donne des infos, il est le relais des émotions de tout le monde, et c'est une notion importante.

Cette finale commence comme dans un rêve avec la panenka de Zidane qui, pour la première fois, a effectué un geste pour laisser une trace. L'Italie égalise ensuite assez rapidement. Avançons le temps et allons directement dans cette prolongation où il se passe beaucoup de choses. Et un fait marquant que l'on a peut-être minimisé, c'est cette blessure à l'épaule. Zizou a l'épaule déboîtée. Il demande initialement à sortir avant de revenir. En quoi la douleur peut-elle être un facteur déclencheur de ce qui va suivre ?

Quand on a mal, la douleur prend énormément de place dans la gestion de l'émotion. Même pour un sportif de très haut niveau. Là, cette blessure a déjà dû lui faire peur. Dans sa tête, il s'est sûrement posé énormément de questions, avec la peur que sa carrière se termine comme ça, sur une blessure, puis remettre en doute sa capacité à reprendre le match, et tous types de questions qui peuvent être déstabilisantes mentalement. Quand on a mal, on a moins de filtres. On crie, on dit des gros mots, on est plus perturbable. Oui, la douleur a pu jouer sur ses capacités de concentration et sa gestion émotionnelle.

Et si on fait le parallèle avec Thierry Gilardi qui voit Zidane se blesser, puis revenir en grimaçant... Que peut-il ressentir, lui qui sait l'impact qu'à Zinédine Zidane sur ce match ?

Il doit déjà ressentir un peu plus d'empathie que dans un cadre plus classique, c'est sûr. Et c'est d'ailleurs là que la tonalité de ce qu'il va dire ensuite doit prendre racine. Il commence à ne plus seulement être journaliste, mais aussi à faire ressortir son humanité. Et vu le moment, il a le droit de prendre parti.

L'autre fait de jeu avant le coup de tête, c'est cette tête énorme de Zidane claquée par Buffon sur un arrêt miraculeux. Et on voit Zizou exprimer de manière très expressive sa frustration, chose inhabituelle aussi pour lui. Un jalon de plus dans la montée en tension ?

Oui, après la douleur, on a la frustration. Après le cri peut être salvateur, mais là, il montre aussi à ses adversaires qu'il est sur la corde sensible. Et peut-être qu'ils le remarquent, et qu'un mec comme Materazzi le voit et peut en profiter. Parce qu'il voit un Zidane à fleur de peau, et qui a déjà pu perdre le contrôle dans sa carrière. Dans le fond, le cri comme les pleurs servent à extérioriser la frustration, mais là on parle de sportifs de haut niveau dans une finale de Coupe du monde. Tout ce qu'on montre comme fragilité compte.

LA PLAYLIST

« HIPS DON'T LIE »
SHAKIRA

« LIVING ON VIDEO »
PAKITO

« MY HUMPS »
BLACK EYED PEAS

« JE M'APPELLE BAGDAD »
TINA ARENA

« ROC »
NÂDIYA

« BEEP »
THE PUSSYCAT DOLLS

« JEUNE DEMOISELLE »
DIAM'S

« CRAZY »
GNARLS BARKLEY

« MANEATER »
NELLY FURTADO

« A DIOS LE PIDO »
JUANES

Et c'est donc cette combinaison de petits éléments qui entraîne le craquage final de la 107e minute selon vous ?

Oui c'est littéralement la cocotte-minute qui explose. Il y a des gens qui sont colériques et impulsifs de base, et le moindre stimulus négatif va être comme une allumette qu'on craque. Pour Zidane, c'est cet enchaînement qui fait que ça dégoupille.

On va se remettre maintenant dans la situation du commentateur. L'action de jeu est à l'opposé, personne ne sait ce qui se passe. Il est dans le flou complet. Ça peut déstabiliser quand on se retrouve dans l'incertitude comme Thierry Gilardi à ce moment-là ?

Ça peut, oui, quand on est à un degré d'exposition comme celui-ci. Après, avec l'expérience, on acquiert ce qu'il faut pour ne pas céder au stress, garder son calme et s'adapter à la situation. Et on l'entend à sa voix ; il ne stresse pas, Thierry Gilardi, pendant ces minutes d'incertitude. Tout du moins jusqu'à ce qu'il découvre les images. Parce qu'ensuite, c'est le choc.

Que pouvez-vous nous dire de ce moment-là ?

On va voir ensuite le vocabulaire choisi et les mots employés, mais c'est un vrai choc traumatique, une sidération. Et on sent qu'il y aura un avant et un après.

Un traumatisme, c'est lorsqu'on est dans la normalité, avant qu'un événement vienne tout changer. Et là, Gilardi n'est pas prêt, et il y a le choc des images. Et ensuite viennent les mots...

Ces mots, que signifient-ils ?

J'ai coupé ce passage en plusieurs parties. D'abord, il dit : « Oh, Zinédine ! » plusieurs fois, puis « Pas ça, Zinédine » plusieurs fois aussi.

La répétition des mêmes mots correspond à l'illustration du choc. Comme lorsqu'il nous arrive un accident, on est confus, on se répète... Là, c'est pareil.

C'est une forme de négation de l'événement, qui peut aller jusqu'au déni. On refuse d'y croire, donc on nie.

Il répète aussi le prénom, Zinédine. Il le personnifie. On sent la proximité avec le joueur, et surtout l'être humain qu'est Zidane. Et il lui parle directement, comme à un membre de sa famille, mais qui aurait fait une bêtise. Un enfant qu'on appelle « Benji » en temps normal, on l'appelle « Benjamin » quand il va faire une bêtise. Ici, ce n'est plus « Zizou », c'est « Zinédine ». Ça appuie la gravité et le désespoir qu'on sent dans le ton.

Ensuite, on a les mots : « Pas aujourd'hui, pas maintenant, pas après tout ce que tu as fait » qui rajoutent de la gravité et un côté catastrophe au moment en rappelant le contexte. Et en le tutoyant, il lui parle comme à un ami qu'on respecte, mais qui a fait une grosse bêtise.

Qu'est-ce qui fait que Gilardi est dans cette empathie et ce désespoir plutôt que dans une colère qui lui aurait pu faire dire une phrase comme « Mais qu'est-ce qu'il t'a pris » ?

Ça dépend des personnes, en fait. Il n'y a pas de règle absolue. Et là, c'est le moment où la personnalité de Gilardi ressort le plus. Certains auraient choisi la colère, lui choisit l'empathie. Et puis, c'est quand même Zidane en face ! Le mythe, le capitaine qui s'effondre. Le symbole de plein de valeurs et d'une certaine idée de la France. On doit donc gérer cette figure du héros, du mythe, d'un certain idéal qui s'écroule aux yeux du monde. Et là, Gilardi se projette, il ressent que l'accès au rêve collectif de revivre un titre s'effondre aussi par ce geste de Zidane. C'est une projection.

Là où je le trouve juste, c'est qu'il est dans l'empathie, mais sans pour autant être dans l'excuse.

Si je comprends bien, alors que plein d'options émotionnelles étaient possibles dans un moment comme celui-là, il a été juste…

C'est exactement ça, il est juste. Que ce soit dans le ton ou le choix des mots, il est dans la justesse. Ne pas le défendre, c'est aussi rester à sa place. Il oscille entre le professionnel et l'être humain dans sa manière de traiter ce moment très fort.

Et dans la troisième partie de votre explication, celle qui raconte le carton rouge, il casse les codes en avançant son avis : « C'est ce que je redoutais… »

Oui, il casse les codes, mais intelligemment. L'emploi du verbe « redouter » est très fort aussi. C'est plus puissant que « craindre ». Et il finit par

« épouvantable » qui est un mot qu'on n'emploie quasiment jamais dans le milieu sportif. L'épouvante, c'est ce qu'on n'ose pas regarder. Il va dans un choix extrême, parce que là, c'est le cœur qui parle.

Avec la pression du moment et l'intensité, tu penses qu'un commentateur un peu moins chevronné aurait pu partir à la faute, au contraire de Gilardi ?

Je pense que oui. Là, Gilardi est maître de lui-même. On sent qu'il dose l'émotion qu'il laisse sortir à l'antenne, mais je ne sens pas quelqu'un de submergé. Quelqu'un de moins expérimenté peut se heurter à ce dosage-là, mais mal réglé. Et c'est là où on peut déraper et ne pas dire ce qu'il faut. Ou du moins, ne pas être aussi juste. C'est le reflet de la personnalité de Gilardi, ce moment.

Ça l'aide à retranscrire ce que tout le monde pense aussi à ce moment-là ?

Oui, comme je le disais précédemment. Il sait qu'il est la voix du public, et encore plus à ce moment d'émotion extrême. Il a réussi à se connecter avec les gens en restant lui-même, en épousant la réalité factuelle du moment, et en réussissant le dosage parfait avec l'émotion qu'il a pu ressentir et qui était la même pour tout le monde.

Vous parlez de commentaire parfait. Mais rien n'est parfait. Je pense que le bon mot pour ce moment-là et la façon qu'il a eue de le transmettre sont justes. Je ne pense pas qu'il l'a fait complètement consciemment, mais justement, il était vrai, avec une subtilité émotionnelle, et donc juste. Je regardais ce sondage paru deux ou trois semaines après, qui explique que 65 % des Français avaient pardonné à Zidane. C'est l'exemple du héros qui fait une connerie dans les films. C'est ce type de mythe.

Ça veut dire que si Thierry Gilardi avait montré plus de colère, le commentaire aurait eu moins de justesse ?

Je pense, oui. La colère à ce moment-là ne colle pas avec le ressenti général ni avec le rôle que doit avoir le commentateur.

Pour terminer, un mot sur Jean-Michel Larqué qui ne parle quasiment pas pendant ce monologue. C'est parce qu'il sent que son commentateur numéro 1 est dans un instant de grâce ?

Je pense que c'est un mélange de sentiments. Il doit être aussi dans la sidération, mais je trouve qu'il a su laisser son collègue rester juste. Il n'a pas joué la surenchère, et c'est très classe de sa part. Et du coup, très juste aussi. L'ego est passé au second plan, et la justesse était dans ce qu'on a tous vécu à travers les paroles de Thierry Gilardi. Lui aussi a fait le bon choix.

DANS L'ACTU EN FRANCE : DOMINIQUE DE VILLEPIN, SEUL CONTRE TOUS

C'est l'homme dont on va parler le plus dans l'actualité en France jusqu'à ce Mondial allemand, et la version zidanesque de « *The Last Dance* » : le Premier ministre du gouvernement Chirac, Dominique de Villepin.

Deux temps forts vont le faire défrayer la chronique et tenir en haleine les suiveurs du feuilleton politico-judiciaire. Dès le 16 janvier, il présente le projet phare de son gouvernement, le CPE, un contrat destiné à faciliter l'embauche des jeunes de moins de 25 ans. Le projet clive immédiatement le peuple, et dès le 7 février, les manifestations, blocages et tensions embrasent la France. Ce mouvement va durer deux mois, et va aboutir le 10 au retrait total du projet par le Premier ministre. Premier gros couac. Le deuxième va aussi faire beaucoup de mal à DDV, mais sur du plus long terme. Le 28 mars éclate l'affaire Clearstream 2. Une histoire de faux listings de personnalités censées détenir des comptes bancaires à l'étranger. Listings qui s'avèrent être faux, alors que dedans on retrouve notamment le nom de Nicolas Sarkozy, dont l'inimitié avec Dominique de Villepin ne fait aucun doute. Le Premier ministre sera entendu en tant que témoin, mais cette affaire va mettre un énorme coup de frein à ses ambitions.

DES SÉRIES ET DES STARS

Ce sont encore une fois de très grandes stars dans des programmes qui vont devenir cultes qui vont se révéler au public français. Sur Canal +, la série *Mafiosa* réalise un véritable carton, et vient même talonner le mastodonte américain *24 heures chrono*, alors au top des audiences du jeudi soir.

Pour le reste, les phénomènes nous viennent comme souvent des États-Unis. Quatre programmes vont marquer les générations, et venir inscrire leur titre au panthéon des mordus de séries.

Le 24 mars 2006, les ados vont être gagnés par la folie *Hannah Montana*, incarnée par la toute jeune Miley Cyrus. Les audiences sur Disney Channel sont alors incroyables au vu de l'exposition de la chaîne.

Et puis, les nostalgiques vont sans doute être gagnés par l'émotion, car vont ensuite s'enchaîner les premières saisons de *Desperate Housewives* le 23 mai sur M6, *Esprits criminels* le 28 juin sur TF1, et enfin *Grey's Anatomy* à partir du 3 juillet, dont les audiences moyennes frôlent les 7 millions de téléspectateurs. Alors oui, *Charmed* disparaît en mai aux États-Unis (la fin étant programmée pour novembre en France), mais quand même, on est gâtés, non ?

D'autant qu'on nous annonce un nouveau séisme pour la rentrée de septembre 2006 avec une série dont le synopsis fait saliver les mordus de séries. Le nom de ce programme attendu sur M6… *Prison Break*.

CHAPITRE 7

« MICHAËL GUIGOU EST DE RETOUR… ALLÉLUIA ! ET LA FRANCE EST QUADRUPLE CHAMPIONNE DU MONDE… ALLÉLUIA ! ET LA FRANCE EST LA PLUS GRANDE NATION DE L'HISTOIRE DU HANDBALL… ALLÉLUIA !!! »

FRÉDÉRIC BRINDELLE

30 janvier 2011. Malmö Arena (Suède)
Finale du Championnat du monde de handball
France-Danemark (37-35 a.p.)

Il suffit de taper « Citations patience » sur n'importe quel moteur de recherche pour que les pages défilent. Ce mot générique, dont la seule variable est finalement le temps lui-même, est tellement utilisé qu'on en perdrait presque son sens le plus pur. Pourquoi attendre ? À quoi cela peut-il servir d'attendre, surtout quand on est un peu pressé ou ambitieux, et qu'on sait qu'on a les qualités pour évoluer positivement dans son milieu ?

Tout simplement parce que, dans la grande majorité des situations de vie, la patience est la locomotive d'un train rarement en retard. L'histoire d'amour qui lie Frédéric Brindelle à l'équipe de France de handball part d'un coup de foudre, certes. Mais la suite de cette idylle de plus de quinze ans sur nos écrans est l'illustration idéale des bienfaits de cette patience. L'image, c'est Frédéric en personne qui va la donner. Tel un couple de parents incarné à lui tout seul qui regarde grandir son enfant, il va voir ce handball français et cette équipe de France se construire, grandir, se développer. Il ne va pas les lâcher. Jamais. Jusqu'à ce que l'arbre donne ses fruits. Et quels fruits ! Peu de commentateurs peuvent prétendre qu'ils ont eu le privilège de suivre la plus belle équipe de l'histoire de son sport, tous sports et tous pays confondus. Et alors, chez nous, le nombre se resserre. Dans un moment où la France du sport se demande encore ce qui a bien pu lui arriver sept mois avant avec une grève en Coupe du monde en mondovision, ces garçons-là sont LA bouffée d'oxygène des amateurs de sport bleu-blanc-rouge. La France qui gagne. La France qui domine en prenant du plaisir à être ensemble. L'excellence qui se banalise. Et pour la voix qui suit cette grande aventure, la responsabilité est immense. Reverra-t-on pareils moments et une telle symbiose ? Peut-être.

L'histoire d'amour sera-t-elle aussi passionnée, car imprégnée des yeux du parent fier de voir l'accomplissement de son petit ? Pas sûr. Mais, paraît-il, il ne faut jamais dire jamais.

Fred, si je te parle de ce 30 janvier 2011. Quel sentiment, quelle émotion remontent instantanément ? Ça t'évoque quoi ?

La première chose qui me revient, c'est ce qu'on a vécu avant les demi-finales. Claude Onesta s'est servi de la presse française et suédoise (les deux pays qui sont allés s'affronter en demi-finale) pour brancher Thierry Omeyer. Omeyer a été pas mal critiqué sur son niveau, un peu comme l'équipe finalement. Et ça, Claude Onesta sait faire. On en a discuté ensemble d'ailleurs. La presse suédoise s'en est donné à cœur joie aussi, et ça a énervé les Experts. Donc, oui, je repense au contexte. Des Français un peu provoqués, et Claude Onesta a bien su jouer avec. Ils ont géré ça avec talent. Si on provoque Thierry Omeyer, il y aura vengeance et il ne lâchera rien.

Fred, tu as accompagné la plus grande équipe de l'histoire de son sport. Que ce soit en France ou ailleurs, on n'a jamais eu mieux en matière de performance en sport collectif. Quel timing, déjà, et quel pied aussi, non ?

Je les suis depuis 1997 ces gars-là, et cette année-là, qui commence son aventure en équipe de France ? Didier Dinart, Guillaume Gille, Jérôme Fernandez. Et ces tauliers sont accompagnés par Jackson Richardson et Greg Anquetil (qui va devenir mon binôme inséparable). Donc, oui, j'ai la chance d'accompagner cette équipe qui est la plus forte de l'histoire, mais j'ai d'autant plus de chance que je l'ai accompagnée au moment de sa naissance et du passage de témoin de ceux qui ont mis cette équipe à ce niveau. Il faut quand même savoir que le handball avant 1985, c'est rien ! Et ça énerve Daniel Constantini qui prend cette génération des futurs Barjots qui va être championne du monde en 1995. Les Barjots, puis les Costauds, les Experts... Tout ce projet de hand de haut niveau, toutes ces transitions de générations, j'étais là depuis le début. J'ai vu le hand français passer d'enfant à adulte accompli.

D'accord, mais quand même, malgré le potentiel, on ne peut pas forcément prévoir que ça va être fort à ce point, non ?

La surprise, elle vient surtout de l'entraîneur, Claude Onesta. Tu vois, avant toute la réussite qu'on connaît à partir de 2006, il y a l'année 2005, le Championnat du monde en Tunisie. Et moi, j'assiste à une discussion lors de laquelle Philippe Bana (directeur technique national) réfléchit à comment remplacer Claude Onesta par Alain Porte. Et là, on sait que c'est dur, qu'il n'a pas réussi à passer derrière Daniel Constantini, qu'ils vont se faire éliminer au premier tour des Championnats du monde. Et il y a ce match entre la République tchèque et la Grèce. La Grèce est l'énorme surprise de la poule, ils n'ont plus qu'un match nul ou une victoire à prendre pour se qualifier, et par la même occasion nous éliminer. Les Tchèques gagnent. Nous, de notre côté, on a juste besoin d'assurer le coup contre la Slovénie, et on fait match nul à la dernière seconde. Le sort de Claude Onesta, il tient à un truc... Impossible. Et, finalement, dans ce championnat, ils vont chercher le bronze pour la dernière de Richardson, Martini, Anquetil...

LE BOX OFFICE

EXPENDABLES : UNITÉ SPÉCIALE
SORTI LE 18 AOÛT 2010

DES HOMMES ET DES DIEUX
SORTI LE 8 SEPTEMBRE 2010

THE SOCIAL NETWORK
SORTI LE 13 OCTOBRE 2010

HARRY POTTER ET LES RELIQUES DE LA MORT - PARTIE 1
SORTI LE 24 NOVEMBRE 2010

BURLESQUE
SORTI LE 22 DÉCEMBRE 2010

« Je me souviens du *Harry Potter*. Je ne suis pas spécialement fan, mais mon fils et ma fille en ont bouffé. Ils ont toutes les collections. Et aussi *Les Petits Mouchoirs*. Leur groupe de potes, là, il ressemble à une équipe sportive. »

On va directement partir sur ce 30 janvier 2011 maintenant, Fred. Ce France/Danemark, avec Mikkel Hansen en face. Quel est ton état d'esprit avant la rencontre ?

Ce qui est frappant, immédiatement, c'est que c'est rouge parce que les Danois sont là, et jaune parce qu'il y a la petite finale juste avant avec les Suédois qu'on a battus en demi. C'est toute la Scandinavie qui est contre la France. Et je me dis : « Ils savent faire, ils vont gérer. » Il y a quelques interrogations sur le niveau de jeu. Sur Omeyer (qui a ensuite redressé la barre en demi), et aussi sur Guigou. Guigou, il a accumulé les compétitions où il est en difficulté physiquement. Mais je suis assez serein, je me dis que ça va aller.

Sérénité, donc. Le match se passe, toi au commentaire, tu es comment ? Tu es déjà en l'air au début ? En tension ?

Ça, c'est un travail que j'ai fait, et que je dois à Bruno Poulain, mon prédécesseur au hand et directeur des rédactions omnisports. Avec David Cozette, il nous appelait « les Braillards ». David et moi, on arrive de Sport+ en 2002, et aux J.O. de 2004, on accompagne Jean-Charles Sabattier, Hervé Mathoux, Thierry Gilardi, Michel Denisot... Et on est les deux braillards. Avec le temps, Bruno nous a fait évoluer. Donc là, dès la prise d'antenne, il faut quand même qu'on sente que c'est l'événement. Ensuite, je fais attention à :

1- La gestion du match, qui en plus est énorme. Je suis souvent en haut, mais je fais attention à l'équilibre ;

Et 2 - j'essaie de garder mon chauvinisme, qui a d'ailleurs toujours beaucoup plu au grand Thierry Roland, tout en reconnaissant que le Danemark aussi réalise des choses fantastiques.

LA PLAYLIST

« WAKA WAKA »
SHAKIRA

« WE NO SPEAK AMERICANO »
YOLANDA BE COOL & DCUP

« LOVE THE WAY YOU LIE »
EMINEM FEAT. RIHANNA

« THE TIME (DIRTY BIT) »
THE BLACK EYED PEAS

« OVER THE RAINBOW »
ISRAEL KAMAKAWIWO OLE

« ALEJANDRO »
LADY GAGA

« OUI, MAIS… NON »
MYLÈNE FARMER

« DÉSOLÉ »
SEXION D'ASSAUT

« WAVIN' FLAG »
K'NAAN

« ANGELA »
YANNICK NOAH

« J'ai fait douze ans de scène. J'ai grandi dans une famille de musiciens. À 7 ans, j'accompagnais mes oncles qui ont un groupe de musique sud-américaine aux percussions. On est même passés dans l'émission *Qui est qui* avec Marie-Ange Nardi. La classe ! »

Personne n'arrive à prendre le large, c'est très serré jusqu'à la fin du temps réglementaire. Comment tu gères ce moment-là où personne ne se détache ?

En fait, tu gères ça comme une épreuve de tirs au but. À chaque fois qu'il y a une tentative en attaque, si c'est raté et que l'autre marque, c'est fini. Donc tu gères ça comme ça, au coup par coup. Et à chaque fois, c'est l'événement. Une action, une sanction. Tu le joues comme ça, et c'est donc beaucoup à l'émotion. Je regarde aussi beaucoup les bancs. C'est l'avantage d'être sur place par rapport au gars qui serait en cabine. Je regarde comment réagissent les uns et les autres sur les bancs, et je guette les infos. Si Claude Onesta demande à un joueur de se placer en bout de banc, s'il y en a un qui s'échauffe, s'il y en a un qui pousse les autres. Il y a plein d'histoires à raconter. Je me nourris du son. Les sifflets quand la France a la balle, les cris quand c'est le Danemark. J'habille la diffusion d'une musique avec Greg comme musicien auprès de moi, grâce à notre complicité. Sentir le coup, la gestion de l'émotion et de l'analyse. C'est une gym entre nous, et la complicité s'exprime dans ce genre de moment là.

On arrive enfin à cette fameuse dernière action. C'est le moment de conclure. Et la balle arrive sur l'aile gauche pour Michaël Guigou...

Alors là, pour le coup, il y a un côté stratégie professionnelle. Là, tu sais que ça approche, et tu te prépares à l'importance de l'événement. Donc si tu es sur un effet de surprise, l'intensité va être accompagnée, souvent par un cri. Mais, depuis les demi-finales, je suis sur une histoire. Celle de Michaël Guigou. Il est en dedans pendant la compétition, Samuel Honrubia le remplace en étant bon, on se dit que c'est la fin de Guigou, et lui fait une super demi-finale. Et on revient à la maîtrise de ton sport. Tu te prépares à dire qu'on va être champion du monde. Et il y a l'effet de surprise parce qu'en marquant le but, Guigou va ponctuer cette histoire fabuleuse. Et là, je la tiens, mon histoire, celle que je dois accompagner pour faire basculer ce moment précis. Le dernier tir, c'est pour celui qui a été en difficulté, mais qui est le symbole de cette génération.

Donc « Fais du dribble, fais du dribble », et ensuite les fameux Alléluias...

Alors, cette tirade, elle part de l'amitié avec Greg Anquetil. Des délires de mecs autour du sport, de la drague, du chambrage. Et notre passion en commun, ce sont les films comiques. À cette période-là, quand on se retrouve en soirée avec des filles, il m'appelle Jean-Claude Dusse. Et lui, c'est un peu mon Popeye*. On est donc souvent sur des répliques de ce genre. Et là, « Fais du dribble », ça veut dire « Crée » ! C'est l'incarnation de ce qu'est Michaël Guigou en fait. Et Guigou, c'est Michaël. Et Michaël, c'est quoi ? C'est la chanson « Michael est de retour » que joue Michel Blanc à l'harmonica dans *Les Bronzés*.

---

* Personnages de la saga *Les Bronzés* de Patrice Leconte.

Ils sont tous autour d'un feu de camp, avec un guitariste et Dusse qui se met à jouer. Et ça sort comme ça. Si c'est Karabatic dans la même situation, je vais trouver autre chose, en faisant remonter une autre connexion. Donc « Michael est de retour », c'est la chanson, et ça veut dire aussi que Michaël Guigou est de retour... à son meilleur niveau. Tout s'enchaîne, et je rajoute le Alléluia comme dans la chanson.

Incroyable histoire ! Il y a des gens qui sont passés à côté de la référence, mais qui ont juste vu un craquage. À quel moment tu prends conscience que ça a tapé fort au niveau du public ?

Je voue une admiration aux comiques. Pour moi, avec les sportifs et les grands de ce monde, ce sont eux qui inspirent. De Funès, Coluche, Élie Semoun... Ce sont mes idoles. J'aime raconter des bêtises, et quand je revois mes anciens collègues, on me ressort ces mêmes bêtises. Donc, là, j'ai deux degrés. Les gens qui pensent que j'ai pété un câble. « Alléluia », tout le monde comprend, c'est du surréalisme... ça passe. Et il y a ceux qui comprennent la référence. Et il y en a beaucoup parce que c'est de l'humour populaire. Certains m'en ont parlé. C'est l'art de la suggestion. Tu le prends au degré que tu veux, mais au moins, il y a un degré que les gens prennent. Et c'est ça, la magie.

Tu penses qu'aujourd'hui, ce monologue ne pourrait plus être dit ? Qu'il vient d'une autre époque ?

Peut-être. Peut-être qu'en me voyant dans l'actu, les gens se disent que je viens d'une autre époque. Et peut-être même qu'ils se disent qu'on ne pourrait plus sortir ce genre de phrase. Je pense qu'on a besoin de joie et d'émotion. Et si c'est Benjamin Da Silva et Omar da Fonseca sur *FIFA 23*, ce n'est pas non plus un hasard. Mais bon, parfois il n'y a pas de budget, parfois on veut pas faire de vagues, et parfois ce sont les deux en même temps… Xavier Hamel aussi, sur les filles du hand, je prends du plaisir à écouter. Julien Fébreau, c'est pour moi la synthèse du style *british* à la Duthu et des braillards comme moi. Il est talentueux, humainement très appréciable parce qu'il est à l'écoute des gens. Il vit son sport dans sa longévité, et maintenant dans son explosion. C'est mérité parce qu'il y prend sa part.

Fred, cette phrase sur cette fin de finale 2011, tu vas la laisser héritage. Tu es content de laisser cette trace ?

En fait, c'est marrant, parce qu'il y a un film qui est rentré dans ma catégorie des comédies cultes. C'est *Le Sens de la fête* avec Jean-Pierre Bacri. Donner un sens à la fête, et donc à sa vie. Arrivé à nos âges, à un moment où le plus excitant est peut-être passé, même si on ne le sait pas. Quand tu te poses pour réfléchir au sens de ta vie justement, eh ben, il y a ça, ce moment-là. Et très régulièrement, des personnes viennent me voir en m'appelant « la voix du hand ». Je me dis alors que ces personnes ont identifié mon rôle auprès du handball, et que ça a été apprécié. Pour la passion, l'émotion, les valeurs du sport... Ce ne sont que des valeurs que je transmets à mes deux enfants. Un jour, je partirai, et peut-être dira-t-on de moi : « Ah, c'était la voix du hand ! » Et ça, bon, je m'en foutrai parce que je serai plus là, mais pour mes enfants, ce sera gratifiant. J'ai transmis un maximum de choses à un maximum de gens, et ça apportera, je l'espère, de la fierté à mes enfants et futurs petits-enfants.

L'ACTU EN FRANCE

Le semestre qui précède ce Championnat du monde de handball est marqué par des débats balayant tout le spectre politique. De l'économie, avec les mesures post-crise des subprimes qui permettent au pays d'envisager une croissance en hausse de 2 % pour 2011. La France va mieux économiquement. Mais après plus de trois ans de Sarkozysme, une affaire va venir démarrer un cycle judiciaire aux risques dévastateurs pour le président en exercice. C'est le 16 juin que *Mediapart* sort la bombe. Le maître d'hôtel de l'héritière de L'Oréal, Liliane Bettencourt, a enregistré à leur insu pendant un an des personnalités. Ce qu'il en sort ? Des manœuvres pour échapper au fisc, l'interventionnisme de l'Élysée pour ralentir, voire bloquer la procédure judiciaire, et des liens financiers étranges entre celle que les *Guignols de l'info* vont railler en l'appelant « Mamie Zinzin » et les époux Woerth. De révélation en révélation, c'est un véritable feuilleton qui va tenir en haleine les suiveurs de politique fiction pendant des années.

L'ACTU MÉDIA

L'avantage de regarder aussi loin dans le rétroviseur, c'est de prendre une hauteur permettant de se rappeler que, dans la seconde moitié de 2010, le monde de la télévision mute. Certaines chaînes émergent, d'autres (incontournables aujourd'hui) n'existent pas encore. Et si, dans un premier temps, les nouveaux lions viennent croquer sur le territoire des lions expérimentés, on constate en 2010 que les courbes se rééquilibrent, et ce alors que l'arrivée de la TNT est attendue dans les outre-mer pour la fin de l'année. Les grands groupes ont compris que les chaînes « petites sœurs » pouvaient devenir complémentaires de leurs aînées. Ainsi, TMC et NT1 renforcent TF1, au même titre que W9 vient consolider M6. Canal + l'a compris et va acquérir Direct 8 et Direct Star (futures C8 et C17). C'est aussi le début de l'essor des chaînes d'info en continu comme BFM TV et iTélé qui voient leurs audiences en augmentation constante sur l'année 2010. Pour ce qui est de l'arrivée des futures RMC Découverte, L'Équipe HD ou 6 Ter, rendez-vous est pris en décembre 2012. *TPMP* vient à peine d'arriver sur France 4, et Morandini est déjà en difficulté sur NRJ12, surtout depuis l'affaire du faux duplex pendant les obsèques de Michael Jackson en juin 2009.

CHAPITRE 8

« MANAUDOU, "LAURE" AUTOUR DU COU »

ALEXANDRE BOYON

3 août 2012. Aquatics Centre (Londres)
Finale olympique du 50m nage libre
F. Manaudou (1), C. Jones (2), C. Cielo (3)

La filiation. Tant d'histoires dans le sport concernent des familles qui marquent leur époque sur plusieurs générations. Des fils ou des filles qui reprennent le flambeau de leurs parents. Des frères et sœurs qui se succèdent au summum de la performance. L'évocation seule de certains noms de famille suffit à ancrer l'extraordinaire pouvoir de cette filiation au firmament du sport. Les Maldini, les Williams, plus récemment les Thuram ont basculé dans ce mysticisme particulier. Pour les Manaudou, l'exemple est également puissant. Pour les plus jeunes qui n'ont pas connu Laure, on parle là d'une championne olympique, multiple championne du monde, d'Europe et de France. Plusieurs fois recordwoman du monde. On parle de la meilleure nageuse de sa génération. Une icône. Et on connaît la difficulté à grandir dans l'ombre d'une légende. Encore plus quand on prend le même chemin. Pour Florent, c'est celui des bassins. Une trajectoire qui va l'emmener tout droit vers les J.O. de Londres. Vous allez le découvrir, c'est un euphémisme de dire que c'est un *outsider* dans cette finale du 50 mètres.

En tribune, Alexandre Boyon est là... Comme toujours depuis la fin des années 1990. Son sport, c'est l'aviron. Mais la natation, il connaît par cœur. Il les connaît tous par cœur. Il sait que Laure est là pour voir le frangin en découdre dans cette finale olympique. Se doute-t-il alors que 20 secondes plus tard, il va sacraliser par ces mots cette filiation qui devient légendaire ?

Pas sûr. Mais quelle inspiration...

Alex, que t'évoque cette date d'août 2012 ?

Je pense que c'est après la course, pendant 20 ou 30 minutes... Une sensation d'irréel. Après cette course, je me suis longtemps demandé ce qu'on venait de vivre. C'était sans doute le titre le plus inattendu, et plus personnellement une histoire de filiation. Avec un gamin que j'ai connu quand il avait 13 ou 14 ans à Athènes (2004), quand il suivait son père et sa sœur. On a vu le potentiel, on a vu son évolution, mais ce titre-là, ça reste tellement inattendu... Depuis 1997 que je commente, j'ai pu voir beaucoup de titres, mais celui-là, on ne l'a pas vu arriver. Et pourtant, à Londres, on a été gâtés avec la natation. C'était un feu d'artifice. On avait la meilleure équipe après les USA, c'est pour te dire.

Pourquoi inattendu à ce point ?

Si on remonte un peu, je me souviens qu'il se qualifie d'un cheveu pour les J.O., et à Londres, il arrive en finale avec le cinquième temps. Y a César Cielo qui est recordman du monde et champion olympique, et puis le 50 mètres, ça reste la course la plus folle. Je suis avec Michel Rousseau et Roxana Maracineanu, et on est prêts, on espère, mais on ne se doute évidemment pas de ce qu'on va voir.

Raconte-nous comment tu prépares cette compétition de natation aux J.O. de Londres. Avec la force de l'habitude ?

Oui, mais pour autant, je bosse beaucoup. Je regarde tout et je suis très méthodique. Surligneur orange pour les Hollandais, jaune pour les Suédois, vert pour les Brésiliens… Je regarde les temps de passage, les records nationaux et internationaux, l'histoire de chacun… Oui, je me vois comme un gros bosseur.

L'idée, c'est de préparer cent billes pour sortir les trois bonnes au bon moment.

LE BOX OFFICE

RADIOSTARS
SORTI LE 11 AVRIL 2012
AVENGERS
SORTI LE 20 AVRIL 2012
AMERICAN PIE 4
SORTI LE 2 MAI 2012
L'ÂGE DE GLACE : LA DÉRIVE DES CONTINENTS
SORTI LE 16 JUIN 2012
THE DARK KNIGHT RISES
SORTI LE 20 JUILLET 2012

« J'aime les films à dialogues, et je suis un peu hypermnésique. Mon film préféré, c'est *Coup de tête* de Jean-Jacques Annaud, film génial sur le foot. Et j'aime redonner des répliques de ce film-là quand je peux. »

Et donc, quel est le cheminement qui t'amène jusqu'à la course ? Qu'est-ce qu'on ne voit pas ?

Ça commence avec les séries et les demi-finales la veille. Puis, tu lis la presse, tu vas sur les sites, tu discutes avec les consultants des autres pays pour avoir les dernières infos sur les concurrents. C'est pas évident d'avoir accès aux mecs directement. Michael Phelps, tu l'approches pas. Les Français, heureusement que je suis là depuis 25 ans ! J'arrive à parler directement avec eux. Puis, bon, ça fait pas très « journaliste » de dire ça, mais il y a une relation amicale qui se crée assez souvent. On a donc toutes les infos dont on a besoin. On est sur place, et on est prêts.

La tension monte, tout le monde est prêt, et comme c'est un 50 mètres, on sait que ça va aller très vite. Tu te rends compte à quel moment que Florent est bien placé ?

Dès le départ. Je le vois sortir très bien du plot de départ. Il a un super temps de réaction, ce qui est un premier critère. Le deuxième étant l'hydrodynamisme. Le travail sous l'eau, la reprise de nage. Je vois qu'il est parti comme une balle et qu'il est bien. Mais dans ce genre de course, il faut faire attention, parce que même une bonne ligne droite ne te garantit pas la victoire. Ça peut aussi se jouer à la touche. Il suffit qu'il n'appuie pas assez fort et que le poursuivant arrive et tape plus fort… Ça se joue vraiment à rien. Mais oui, on voit quand même assez vite que, dès le départ, il est là, et surtout qu'il est fort. Et au fond, on commence à se dire que ça peut se faire.

Tu arrives quand même à voir qui est devant malgré la vitesse ?

À Londres, on est très haut, on doit être à plus de 25 mètres de hauteur. En revanche, on était à 3 ou 4 mètres de l'arrivée. J'arrive à voir qui est devant, qui relance, qui rattrape… Faut aussi comprendre comment fonctionne la réalisation télé. C'est toujours pareil. Départ, plan sous l'eau pour faire joli, puis travelling de côté. Mais là, tu vois que des bouillons de partout. Y a que sur le plan large que tu peux voir. Et tant que tu n'as pas la lumière qui s'allume sur la touche, tu ne sais pas. On jongle donc entre l'écran et ce qu'on voit de nos propres yeux, aidés par l'habitude.

Donc la course avance, ça va vite, et vous en poste commentateur vous montez en intensité également. Raconte-nous ce moment de tension.

C'est pas si simple de faire la place à tout le monde déjà, parce que ça va très vite. C'est 20 secondes, l'équivalent d'un 200 mètres en athlé. Michel (Rousseau) se tait. Et Roxana, elle, ne peut pas se retenir. Elle n'est pas encore ministre, elle n'est même plus consultante, elle est supportrice. Elle crie de plus en plus fort, et alors à l'arrivée, le cri qu'elle pousse... Mon Dieu ! (Rires.)

Ça te déconcentre ou ça te survolte de ton côté ?

En fait, ça souligne ce que j'expliquais au début, à savoir qu'on ne s'attendait absolument pas à ce qu'il fasse cette course-là. Le gars sort de nulle part, et il explose son record sur la course la plus importante de l'année. Souvent, on considère que même si le mec sort en série, s'il a battu son record perso, c'est déjà bien. Tout le monde n'est pas Phelps. Mais là, c'est hallucinant.

LA PLAYLIST

« AI SE EU TE PEGO »
MICHEL TELÓ

« BOYFRIEND »
JUSTIN BIEBER

« SOMEBODY THAT I USED TO KNOW »
GOTYE FEAT. KIMBRA

« STARSHIPS »
NICKI MINAJ

« WHISTLE »
FLO RIDA

« CALL ME MAYBE »
CARLY RAE JEPSEN

« ADDICTED TO YOU »
SHAKIRA

« ET ALORS »
SHY'M

« PAYPHONE »
MAROON 5 FEAT. WIZ KHALIFA

« DON'T WAKE ME UP »
CHRIS BROWN

« J'aime écouter de la musique qui me permet de lire en même temps. Norah Jones, Buena Vista, c'est très bien. Et pour l'énergie, Queen, c'est parfait, même si je ne suis pas original. »

Et il te vient donc ces mots : « Manaudou a Laure autour du cou »...

Bon, déjà, cette course, c'est un peu particulier parce que Laure (Manaudou) est dans le public. Et pendant la course, grâce aux différents signaux, on voit le plan de Laure en train de crier. Et quand je vois ça, je dis qu'elle est plus heureuse que si c'était elle qui avait gagné, parce que c'est tellement démonstratif. En plus, elle l'a dit après.

Et dès la fin de la course, elle fait un truc qui n'avait pas été fait depuis le père de Jean Boiteux en 1952 quand il avait sauté dans l'eau. Elle saute les barrières et elle court embrasser son frère. Je me dis que l'image est incroyable, et la phrase me vient : « Il a Laure autour du cou. » Et je me dis que c'est pas mal, donc je le répète. J'aime bien de temps en temps trouver des *punchlines*. Pas de calembours ou des blagues, attention. Juste de jolies formules.

Des formules... que tu prépares ?

Ah non ! Et comment tu veux que je prépare ça ? À moins de dire à Laure de sauter par-dessus la barrière si hypothétiquement son frère venait à gagner... Non. C'est en le disant, je le répète une seconde fois parce que je me rends compte que je viens de trouver un truc pas mal. Et ça fait partie de moi, j'aime bien trouver des formules. C'est de la créativité en quelque sorte.

Tu as dit t'être rendu compte assez vite que c'était une bonne formule. Le fait qu'elle reste dans la tête des gens, ça vient quand ?

Oh ça, c'est différent. Je suis pas dans la vanité ou le narcissisme pour me dire que ça va marquer les esprits. J'ai les copains qui sont venus me voir, et ensuite, oui, les gens me le rappellent de temps en temps. Après, je n'ai pas en communication les talents de confrères qui ont su jouer de leurs formules. Je me vois pas partir en retraite et sortir une gamme de tee-shirts « Il a Laure autour du cou », tu vois (rires). Certains m'ont quand même envié cette phrase. C'est bon enfant.

Cet attrait pour la formule, c'est ce qui fait aussi partie de ta personnalité au micro. C'est aussi comme ça que tu définis le rôle du commentateur ?

Oui, il faut amener quelque chose de plus, sinon c'est pas la peine de le faire, ou de laisser le mec qui est en place. C'est un équilibre entre la plus-value amenée et la tendance que les gens recherchent. Tu as ceux qui sont *speed*, et ceux qui sont plus posés. Moi je joue dans la première catégorie. École Montel. Et je suis « vendeur » aussi. Je dois passionner les gens en trouvant toujours une histoire à raconter. Tu as donc ta nature, ton style, et le type d'épreuve que tu couvres. Une qualif de 3 000 mètres steeple sans Française au départ, et un 100 mètres hommes en finale des J.O., ça ne demande pas la même énergie ni la même personnalité.

Es-tu consciencieux au point de prendre soin de ta voix, surtout après un moment comme ce 50 mètres à Londres ?

Je suis un ascète. Je ne sors pas, je ne bois pas, je dors. Après la course de Florent, j'étais épuisé et je suis rentré directement me coucher. Je fais attention au sommeil pour que ça ne joue pas sur la voix. Je fais du sport, je bois de l'eau, je fais attention.

Il est venu te parler de ce moment, Florent Manaudou ? Et du fait que vous soyez liés, lui à la perf, et toi au commentaire ?

Non pas directement, mais il a pas besoin de le faire. Il ne faut se tromper ni de rôle ni de place. C'est pas la queue qui remue le chien en somme. C'est arrivé sur d'autres sports qu'on vienne me dire que ça aurait été sympa que je sois au commentaire. Notamment sur l'aviron, qui est mon sport de prédilection. Mais il faut faire preuve d'humilité. Le plus important, c'est la perf, le titre de Florent.

Plus globalement, qu'est-ce que le commentateur amène de plus à notre époque par rapport aux décennies précédentes ? Le métier a beaucoup changé...

(Il coupe.) Oui, mais pour autant, les gens attendent encore des choses de notre part. La façon de raconter, déjà. Et puis, on fait partie du décor. Si tu n'avais pas de voix qui accompagne, ce serait pas pareil. Peut-être que l'intelligence artificielle nous remplacera un jour, mais niveau émotions, je demanderai à voir ça. Pareil, aujourd'hui, il y a des influenceurs qui s'y mettent. Pardon, mais c'est pas encore pareil. Il y a encore besoin de repères pour le public. L'échange journaliste/consultant, l'émotion, etc. Il y a besoin de tout ça.

Tu parlais des consultants. Sur le 50 mètres de Florent Manaudou, tu es avec Michel Rousseau. Tu peux nous dire quelques mots sur le rapport que vous avez créé ?

Michel a cette faculté qu'ont pas mal de consultants, c'est qu'il voit tout avant tout le monde. Il ressent ce qui va se passer, il a un vrai flair. Et il a tout compris du fonctionnement d'un binôme à l'antenne. Quand l'un doit s'arrêter pour laisser parler l'autre, et quand on arrive à se faire briller mutuellement. Je sais quoi lui demander pour qu'il apporte un vrai plus, et lui sait quand s'arrêter pour que je reprenne mon rythme dans la narration. Et il s'adapte à tout avec une facilité folle.

Dans le métier, tu es assez reconnu pour ton sens de la formule. Est-ce que tu regardes cet aspect-là dans le travail de tes confrères et consœurs ?

Forcément, on s'inspire de ce que font les autres. Par exemple, j'aime bien ce que fait Thomas Ferro Villechaize. Il a une grosse culture générale, et il montre que, dans ce métier, c'est important pour pouvoir varier, placer des références et divertir le public aussi.

Christophe Josse est bon dans ce domaine-là aussi, je trouve qu'il arrive à trouver de bonnes formules pour accompagner un moment fort. Thierry Roland était aussi très fort, bien que parfois, c'était limite. Ça ne passerait probablement plus aujourd'hui d'ailleurs. Mais la meilleure formule pour moi, ça reste le « Pas toi, Zinedine » de Thierry Gilardi. Magnifique.

Sans tomber dans la caricature de son propre personnage ?

Oui, forcément, même si on est tous dans notre rôle quand on se retrouve à l'antenne. Et quand le micro s'allume, ça exacerbe ce qu'on est au fond de nous. On a chacun nos trucs. Moi, j'aime dire : « Les fauves sont lâchés » sur une course de sprint. Si je le faisais pas, c'est comme si j'avais pas mon haka avant un France/All Blacks, tu vois ! C'est un petit gimmick. Le jour où tu tombes dans la facilité et où tu penses que tes acquis te suffisent, c'est que t'es mal barré. Et ça peut paraître bateau, mais le truc, c'est de bosser. Toujours comme si c'était la première fois.

Pour terminer, Alex, j'aimerais connaître ton rapport avec le fait de laisser une trace dans les souvenirs de ces moments de sport.

C'est évident que je préfère me faire encenser que me faire déglinguer sur les réseaux sociaux ! Mais il faut prendre cet héritage à sa juste valeur, sans trop en faire. Je me souviens exactement où j'étais quand Guy Drut a gagné les J.O. à Montréal. Évidemment, c'est pareil pour le titre de 1998. Les voix sont là, elles accompagnent. C'est un coup de chance pour celui qui se retrouve là au moment où ça reste. Se retrouver associé au moment, c'est génial, bien sûr, mais il faut rester humble. Le mec qui te dit autre chose, c'est que sa tête a gonflé. Je serais artisan boulanger, chirurgien, commerçant, ce serait la même réflexion. L'important, c'est d'avoir été honnête, intègre et passionné. Et si je devais donner un seul conseil aux gamins, ce serait celui-là. À l'école, on me punissait parce que je parlais trop et trop fort. Et aujourd'hui, je suis payé pour ça. Je ne bouderai donc jamais mon plaisir.

DANS LE RESTE DE L'ACTU

Hors sport, il y a dans l'actu des marqueurs qui font office de repères temporels forts. Une élection présidentielle, c'est un marqueur puissant. Celle de 2012 commence par les menottes aux poignets du favori DSK à New York et va finalement voir le président sortant affronter un candidat surprise. Sarkozy-Hollande, c'est ce duel mis en pause par les affreux attentats de Montauban et Toulouse au mois de mars. Et qui vont faire ressurgir des fantômes que l'on pensait éloignés.

Une fois l'émotion passée, c'est un candidat de la gauche métamorphosé qui, malgré les doutes, va au gré d'un « moi président » légendaire lors du débat de l'entre-deux tours tuer le match. Un dernier meeting sur la place du Capitole de Toulouse pour le symbole, et voilà François Hollande, l'ex-premier secrétaire du PS, propulsé Président de la République. Le premier Président de gauche depuis François Mitterrand. Le quinquennat du président normal s'annonce corsé.

« Je suis journaliste depuis que je suis môme. Et il y a un truc génial aux J.O., c'est que, quand tu fais les cérémonies d'ouverture, ça t'oblige à te plonger dans l'actualité de chaque pays pour avoir un truc intéressant à dire. »

A. BOYON

LES AUTRES SPORTS

PSG, RETARD À L'ALLUMAGE

2012, c'est l'année 1 de la nouvelle ère du PSG, racheté un an plus tôt par le Qatar et QSI. Un recrutement déjà solide porté par Leonardo, avec Maxwell, Motta, Matuidi et surtout Pastore, et l'ambition de reconquérir un titre de champion qui fuit la capitale depuis le milieu des années 1990. Leader à la trêve hivernale, le PSG change de coach et le maestro Ancelotti arrive.

Mais, contre toute attente, c'est le Montpellier de

Loulou Nicollin et René Girard, porté par les Giroud, Cabella, Belhanda ou encore Hilton, qui réalise un exploit monumental et décroche le premier titre de champion de son histoire, 3 petits points devant les Parisiens. Pétard mouillé pour l'année 1, mais Paris a retenu la leçon et, à l'intersaison, juste avant de retrouver la Champions League, on tape fort. Thiago Silva et Zlatan Ibrahimović débarquent. Paris a changé de statut. Reste plus qu'à le montrer à toute l'Europe.

CHAPITRE 9

« 1-2-3 ! 1-2-3 ! »

CHRISTIAN CHOUPIN

20 février 2014. Parc extrême de Rosa Khutor (Sotchi)
Finale olympique de skicross
JF Chapuis (1), A. Bovolenta (2), J. Midol (3)

« On n'oublie jamais une première fois. » Encore une phrase passe-partout applicable à un nombre infini de situations. Expression souvent mi-figue mi-raisin d'ailleurs. Car une première fois, souvent, est bredouillante. Hasardeuse. Hésitante. En sport, c'est un peu différent.

Plus la compétition est belle, plus cette première reste gravée dans le marbre.

Ici, il est question de sports d'hiver, alors imaginons une trace de glisse toute neuve dans une pente légendaire et dans de la neige toute fraîche. Jamais trois drapeaux tricolores n'avaient été hissés sur un podium des Jeux olympiques d'hiver. Et imaginer cela serait forcément perçu comme une arrogance qui se retourne contre soi au pays de « l'important, c'est de participer ».

Pour que l'histoire soit belle, il faut un narrateur au niveau. Que dire ici ? À croire que le dieu du sport fait aussi parfois bien les choses. Les passionnés ont connu le paternel. Impossible de ne pas en dire un mot tant les traits de caractère sont superposables entre le père et le fils.

Jo Choupin est l'un des pionniers du sport à la télévision. Mais plus dans l'ombre de ses illustres voisins de bureau que sont Robert Chapatte et Roger Couderc. L'ancien messager de la Résistance, connu sous le surnom « Zef », est le premier à mettre en valeur des sports comme le basket ou (tiens, tiens) le ski à la télévision. Photographe de talent et passionné de rallye, il participe à la création de *Stade* 2 en 1975, et sera considéré jusqu'à son départ en 1992 comme le « M. Olympique » du service des sports de la télé publique.

Christian Choupin est un porte-étendard. Celui de ces sports auxquels on ne s'intéresse qu'une fois la flamme olympique allumée. Ce n'est pas un combattant qui revendique un droit d'exister. C'est un passionné qui a la chance de posséder ce talent de pouvoir partager avec le plus grand nombre cette passion. Se replonger dans ce triplé de ski cross à Sotchi, c'est peut-être se replonger dans le commentaire sous sa forme la plus pure. Et si ce triplé jamais réalisé jusque-là est tombé ce jour-là, dans ce sport-là, avec ce commentateur-là, c'est peut-être que le sport dans son mysticisme le plus profond a voulu que le « petit » sport regarde les grands dans les yeux pour une fois.

Christian, pour commencer, quel est le premier sentiment qui te remonte quand je t'évoque cette finale du ski cross de Sotchi 2014 ?

Un moment d'anthologie dans un sport où on attendait vraiment… Une médaille. Deux, ça aurait été bien, trois, c'est la surprise totale. C'est donc l'exploit inattendu, et aujourd'hui, des années après, on a toujours chaud au cœur quand on repense à cet événement, parce que ça a mis sur un piédestal un sport mineur dans le grand monde des sports majeurs.

C'est fou de voir trois mutants venant de sports alternatifs réaliser un exploit qui n'avait jamais été réalisé par des gens du calibre de Jean-Claude Killy. Là, on a trois extraterrestres qui arrivent d'un coup tout en haut de l'affiche.

Ça veut dire qu'avec cet exploit, tu te retrouves projeté dans un truc fou, comme ton sport ?

Oui, complètement. Mais si on prend l'histoire des débuts, j'arrive dans le métier en 1994, et je suis viscéralement passionné par les sports de glisse. J'ai été skateur, j'ai été surfeur, j'ai vécu l'époque des « Apocalypse Snow* ». Et aujourd'hui, ces sports de loisir sont devenus des sports de compétition. Si on regarde les aires d'arrivée de Coupe du monde de ski cross,

---

* Série de courts-métrages de Didier Lafond, premiers films sur le snowboard devenus mythiques pour tous les adeptes de ce sport.

que ce soit en 2014 ou aujourd'hui, y a « *nobody* ». Il n'y a pas grand monde qui va faire des bornes pour aller voir une Coupe du monde de ski cross, peu importe l'affiche. Et puis, avec le temps, les mentalités ont évolué, et le CIO a dû s'adapter au monde autour de lui. Ça a permis au ski cross de rentrer, avec un avantage par rapport au snowboard par exemple. Il y a cette image de skieurs de compétition, et en même temps de gars prêts à en découdre comme des gladiateurs. Ce sont des cow-boys, ces gars-là.

Comment est-ce qu'on se prépare à une compétition comme les J.O. d'hiver, Christian ?

Oui, ça change complètement le travail. Ce travail, il commence 6 mois en amont. Je me questionne sur les gars qui vont performer dans les sports que je suis. Parce qu'au final, on ne les suit attentivement que tous les 4 ans, même si on regarde les résultats en Coupe du monde. Mais, tu sais, la planète des sports de glisse aux J.O., c'est simple ; je suis celui qui commente le plus de sports. Si je compte bien, il y en a huit, et seize vu qu'il y a les hommes et les femmes. Et c'est du direct ; matin et après-midi, il y a toujours quelque chose. Les compétitions ne durent qu'une journée, ce qui est très éprouvant pour les sportifs. Le ski cross, ça commence le matin, et en milieu d'après-midi, on sait qui est médaillé d'or. Ensuite, on va consulter sur Internet les fiches de

LE BOX OFFICE SPÉCIAL SPORT DE GLISSE

CHER RIDER
LA NUIT DE LA GLISSE : ADDICTED TO LIFE
THE SEARCH OF FREEDOM
L'ÉPOPÉE DU SKI
SEDNA : RIDERS FREESTYLE

tout le monde avant de se concentrer sur ceux qu'on connaît. Et là, c'est au *feeling*.

Il y a aussi le rôle de nos consultants. Ce sont de bons consultants, et eux ont suivi les Coupes du monde, connaissent les résultats et les personnalités de tout le monde. Une fois sur place pour l'événement, on va ensemble au training de la veille. Observer les attitudes, l'état de la neige, la météo, etc. Il y a énormément d'éléments à prendre en compte sur le moment.

Pour toi qui es commentateur France TV à Sotchi, à quoi ressemblent les conditions de travail ?

Les gens ne sont pas au courant de ça, et c'est assez étonnant. Par exemple, en France, quand tu es journaliste et que tu vas sur un événement, tout va bien : y a Internet, etc. Aux USA, encore mieux, y a le resto qui va avec... Là, pour ces J.O., on est logés assez loin. Fallait descendre d'une montagne pour aller sur la montagne d'en face en bus. Devait y avoir un kilomètre à vol d'oiseau, mais il fallait plus d'une heure de route pour arriver sur site. On a Internet à l'hôtel, au centre de presse, mais après, on est dans une position commentateur qui doit faire 2,50 m par 2, avec un petit chauffage d'appoint qui fait ce qu'il peut, mais qui sert à rien vu que la porte est toujours ouverte. Si jamais il manque une info, on fonce essayer de la choper. On passe de -10 °C à +15 °C, y a une queue de plus d'une demi-heure pour manger au resto… C'est simple : à la fin des 15 jours de J.O., je suis plus fatigué que pour 15 jours de Dakar.

Focalisons-nous maintenant sur cette compétition de ski cross. À quel moment tu commences à imaginer qu'il peut y avoir plusieurs médailles potentielles ?

On sait que Jean-Frédéric Chapuis est champion du monde en titre. C'est la star du moment, et sur le papier, il est médaillable. Le reste de l'équipe, on sait qu'il a bien marché en Coupe du monde, mais dans ce sport, il y a une grande part d'incertitude. Tout le monde peut tomber, parce qu'au start, y a que les meilleurs. On a affaire à des purs et durs de cette discipline. Pour tirer son épingle du jeu, il faut être stratège suivant les conditions, les adversaires et sa façon de skier. À Sotchi, on a assez vite ciblé les deux virages où ça pouvait doubler, un peu comme sur un circuit de moto ou de voiture. Doubler sans risquer la chute, parce que le contact est permis, mais tout le monde peut tomber.

Tu le disais : nos Français sont en canne, et là, arrive la finale. On sait qu'il va y avoir des médailles, là, pour le coup...

On en perd quand même un en route, mais à la demi-finale, on se dit qu'au vu du tableau, on va en avoir au minimum deux Français en finale. Nous, on monte forcément en température. Et ça le fait, trois Français en finale. Et là, c'est la patrouille de France qui va s'élancer, quoi ! La finale, c'est Le Bon, la Brute et le Truand.

Jean-Frédéric Chapuis, le beau gosse champion du monde exemplaire : le bon.

Arnaud Bovolenta, la brute, parce que c'est une masse. Super gentil, adorable, mais c'est un cube, donc un peu « brutasse ».

Et le truand, c'est Jonathan Midol. Avec ses yeux bleus, on a l'impression qu'il se réveille tout le temps, et sous ses airs de nonchalance, c'est un skieur extraordinaire par coup.

J'ai eu beau me refaire la course plein de fois, j'ai toujours le même sentiment sur le départ. Ça s'observe, ça met du temps à s'emballer. Tu es d'accord ?

Oui, il y a un round d'observation. Le départ est un peu mou, et après 200 mètres, ça prend de la vitesse. C'est là que ça commence à devenir intéressant.

Et vu la configuration qui ne favorise pas les skieurs un peu lourds, on est un peu inquiets pour Chapuis, parce que son départ n'est pas top. C'est Bovolenta qui prend les devants, et le Canadien est plutôt bien placé. Quant à Midol, il tricote, et on espère juste qu'il va réussir à arriver en bas. Dans la voix, on est obligés d'attendre pour voir comment ça va se dessiner ; parce que les Français sont pris dans un double problème : il faut qu'ils soient devant, mais sans se gêner parce que le Canadien n'attend que ça...

Et donc, la course avance, ça commence à se frotter, ça monte en intensité et boum ! Le Canadien tombe...

C'est particulier, parce que c'est court, et en même temps, avec la tension, pour nous comme pour les téléspectateurs, je pense que ça a paru beaucoup plus long. En revanche, on comprend tout de suite qu'il a chuté. Mais attention, les autres aussi peuvent tomber, et lui peut se relever pour finalement les coiffer sur la ligne... On commence à s'emporter, et à l'avant-dernier saut où ça commence à satelliser dans les airs, on se lâche complètement. Il tombe, on voit que ça passe devant, et là dans la voix, j'explose. Je crois que je dis : « Ça y est ! 1-2-3 ! » Franchement, en y repensant, je me souviens du dernier saut de Midol. Il rate complètement son envol, on le voit se satelliser, et franchement on est un peu idiots, parce qu'on n'y fait pas forcément attention sur le moment. Il aurait pu se fracasser à un mètre de la ligne et pas terminer troisième. Il passe la ligne en glissant et sans trop de douleur, malgré le fait qu'il est à 6 ou 7 mètres de haut. Il franchit en raclant la neige au sol.

Une fois la ligne d'arrivée franchie et raclée, tu répètes plusieurs fois « 1-2-3 ». Pourquoi ?

C'est l'expression de la libération du stress qu'on s'est tous mis (les sportifs et nous-mêmes) pendant tous les tours de compétition. Ça se passe devant nous, et en même temps, on sait qu'on est en train de le faire vivre à énormément de gens. Je l'ai réécouté trois fois avant qu'on se voie, et Gavaggio, au moment du final, il crie « Oh p… » ! Jamais un consultant n'a dit ça sur une ligne d'arrivée aux J.O., et c'est le p… le plus acceptable de la Terre !

Est-ce que tu es content de ton commentaire à ce moment-là ?

Je suis relativement content de la manière dont je retranscris l'événement… jusqu'à la dernière bosse. Après, quand on s'emporte et qu'on crie, je suis pas content du tout. Parce que, dans l'exercice du métier, il faut être audible. Et là, je me raccorde à ce que j'ai appris, et le p… de mon consultant, etc., ce ne sont pas des choses que je voulais spécialement entendre.

Je lui ai d'ailleurs dit après coup, parce qu'on s'autocritique beaucoup. Et je partage aussi le fait que je ne suis pas très content de la fin. Mais après, en réécoutant, je me suis dit que c'était complètement barjo, et que ça dépasse le cadre du professionnalisme, le truc ! Parce que l'événement qu'on a vécu, s'il nous a rendus dingues à ce point-là, on imagine les gens debout, sautant de leur canapé.

À quel moment tu prends conscience que ton commentaire va rester dans la légende, Christian ?

J'en prends surtout conscience dans les milieux dans lesquels j'évolue. J'aime pas me mettre en avant. Faire des plateaux comme *Stade 2*, c'est pas mon truc. Mon ego, j'en ai rien à foutre, et finalement tout ce que je veux, c'est avoir la reconnaissance des gens qui pratiquent. Aujourd'hui, le seul point qui me plaît vraiment et qui me donne du baume au cœur, c'est d'être reconnu par cet univers-là comme l'une des voix qui traduit ces sports, avec le bon état d'esprit qui va avec. C'est tout ce que je demande.

On peut imaginer que tu as mis du temps à redescendre nerveusement et que quelques pastilles pour la gorge ont dû être nécessaires ?

Ah oui ! On est perchés haut, et c'est clair que, nerveusement, ça a pris du temps. Quand ça se termine

LA PLAYLIST VALIDÉE PAR LES RIDERS

« SWEET CHILD O' MINE »
GUNS N'ROSES

« GIVE IT AWAY »
RED HOT CHILI PEPPERS

« NOTHING ELSE MATTERS »
METALLICA

« THE NEXT EPISODE »
DR. DRE

« COME AS YOU ARE »
NIRVANA

« SPECIAL NEEDS »
PLACEBO

« DEAR MAMA »
TUPAC SHAKUR

« SING FOR THE MOMENT »
EMINEM

« WALK THIS WAY »
AEROSMITH

« DIRT OFF YOUR SHOULDER »
JAY-Z

« DON'T WAKE ME UP »
CHRIS BROWN

« On écoute du métal parce que ça a toujours fait partie de cet univers de sports de glisse. Donc, Nirvana, Metallica, Slayer... Y a ce côté rockeur quand même. On entend aussi du hip-hop, du rock indus'... Et on écoute rarement du Brel, c'est clair ! »

et que les gradins se vident, on a le ciel qui nous tombe sur la tête. On est fatigués, on n'y croit pas. Puis on descend, on les voit, et eux ils prennent même pas la mesure de leur médaille. C'est toujours pareil sur ces événements-là. À chaud, tout le monde redescend, mais personne ne comprend vraiment.

Tu l'as déjà beaucoup abordé, mais parle-nous de ton rapport aux consultants...

C'est hyper important d'avoir des atomes crochus avec son consultant. Quand on choisit des consultants, les chaînes nous demandent souvent de prendre des stars, avec des palmarès de fou. Des gens connus. Au fil du temps, j'ai réussi à imposer des gens qui sont des extraterrestres. Quand j'emmène Doriane Vidal commenter à Vancouver, ça a beau être une médaillée de Salt Lake City, pour mes patrons c'est « *nobody* ». Enak Gavaggio, c'est le gars le plus médaillé aux X Games, hyper connu dans le milieu des sports de glisse, un look incroyable avec sa moustache et tout... Quand mes patrons l'ont vu arriver, t'aurais vu leurs têtes !

Dans mon sport, l'important, c'est pas de choisir une star. C'est de choisir quelqu'un qui vient du milieu et qui a la capacité d'obtenir des infos en passant là où personne ne peut passer.

Ma dernière question, Christian, est à contre-courant de ta philosophie, je pense. L'idée de laisser une trace...

Je dirais que c'est un instant T qui va permettre à mes enfants de tomber dessus quand ils seront sur YouTube. Tout comme ils retomberont sur les J.O. d'été que j'ai commentés avec Jean Rochefort. Ce sont les instants T d'une carrière bien remplie surtout au niveau passionnel. On a les yeux qui brillent. Avec Enak pareil. On a fait la teuf après, Enak a paumé son passeport au moment de prendre l'avion. On a croisé Midol, et la bienséance m'oblige à ne pas dire dans quelles conditions… Voilà quoi ! Les Russes ont été cools, parce qu'on a frôlé l'incident diplomatique le lendemain matin. Mais ouais… Liés à vie !

ACTU : LES J.O. DE POUTINE

Obtenus en 2007, ces J.O. cristallisent les tensions politiques et économiques, à l'étranger et au cœur même de la Russie. Des menaces d'attentats fomentés par des islamistes provenant du Caucase font planer une atmosphère de « bunkerisation » sur la station balnéaire. Écologiquement, ces J.O. sont aussi scrutés en raison de la douceur obligeant l'organisation à stocker de la neige dans les collines autour de la station de ski accueillant les épreuves. Une opération à plus de 6 millions d'euros. En parlant du coût de ces jeux d'ailleurs… De 9 milliards d'euros, il atteint la somme faramineuse de 37 milliards. Le stade, les installations, l'aménagement des accès de transport, les travaux sur les lieux des épreuves… Cet écart fait des jeux de Sotchi les plus coûteux de l'histoire. Pour se faire un ordre d'idée, ils ont coûté plus cher que les six dernières olympiades réunies. D'où venait l'argent, ça, c'est une autre histoire…

« Une fois sur place, l'ambiance n'est pas dérangeante. Il y avait certes une présence militaire… On savait que Poutine était dans le coin, c'est quand même assez étrange. Petite anecdote : chauffage très limité, des entrées d'air partout. Et le mieux, attention : dans ma chambre, quand on tirait la chasse d'eau, ça faisait couler la douche ! »

C. CHOUPIN

LA BASCULE

C'est devenu un moment que beaucoup de suiveurs des J.O. ont décidé de parodier. Il peut arriver que le timing ait raison du moment, fût-il important.

France TV retransmet les grandes compétitions sur ses trois chaînes : France 2, France 3 et France 4. Or, ces changements de chaîne pour continuer à suivre le direct sont indépendants de l'éditorial. Alors, comment ça marche ?

Les bascules arrivent à des heures définies de façon extrêmement précise, fixées à l'avance, et il peut arriver que cet exercice, habituellement maîtrisé par les équipes, soit plus compliqué à gérer. Lorsqu'il y a du décalage horaire, les rendez-vous de l'info ou des programmes générant des revenus publicitaires, les horaires peuvent fluctuer. Alors, oui, ça peut arriver au mauvais moment, mais la bascule fait aussi partie de la tradition.

CHAPITRE 10

LE COMMENTAIRE VU PAR…

NATHALIE PÉCHALAT

Un(e) consultant(e), c'est un palmarès. Ici, on parle quand même de deux médailles de bronze mondiales (2012-2014), deux titres de championne d'Europe (2011 et 2012) et cinq titres nationaux (2009, 2011, 2012, 2013 et 2014). Ici, la mission est donc accomplie.

Un(e) consultant(e), c'est également une personnalité. Quelque chose de plus. Cette plus-value qui va faire que le téléspectateur va tendre l'oreille pour recevoir cette expertise tirée de la légitimité obtenue par une carrière riche de titres. Nathalie Péchalat, c'est non seulement l'amour de son sport, mais c'est aussi la défense de ceux qui le pratiquent. Certains consultants trouvent la quintessence de leurs qualités dans l'analyse technique pure. D'autres dans l'anticipation de ce qui va suivre en tenant compte de leur expérience et de leur *feeling*. Certains vont plus regarder les sportifs, d'autres les entraîneurs. On va également en trouver qui ne vont être que dans l'émotion. Laisser parler leur passion. Quand on parle à Nathalie

Péchalat et qu'on l'écoute sur Eurosport, un autre style se dégage. La défense objective de son sport.

En quoi cela peut-il consister ?

La plupart du temps, on retrouve cette caractéristique chez les consultants au micro de sports non « *mainstream* ». Ceux qu'on appelle (à tort) les « sports mineurs ». Pour ces consultants, dont le rôle est aussi celui de porte-parole implicite de toute la communauté du sport en question, l'analyse, la pédagogie et l'émotion ne suffisent pas.

La passion, le cœur font qu'on défend les athlètes. On défend le travail effectué, le mental dont il faut faire preuve pour faire face à son destin dans une grande compétition. On défend aussi la singularité du sport en question. Et ça, Nathalie Péchalat en fait un point d'honneur et sa marque de fabrique. Elle qui a été à leur place pendant tellement d'années, au-delà d'expliquer pourquoi tel geste est réussi et tel autre raté, elle connaît le chemin qui aboutit à la réussite ou à l'échec. Et c'est sur cet aspect-là qu'elle focalise sa transmission au commentaire.

Défendre, ce n'est pas pour autant être aveuglé. C'est un numéro de funambule entre l'empathie et l'honnêteté intellectuelle. Et le savant mélange des deux donne donc la défense objective.

C'est ce savant mélange qui permet à Nathalie d'avoir un regard à double horizon, elle qui a emmené cette identité jusqu'à la présidence de la Fédération française des sports de glace en 2020, la première femme à occuper ce poste.

Nathalie Péchalat, c'est donc l'amour de son sport, la défense objective des sportifs, et surtout un plaisir immense à prendre part à l'écriture de la grande histoire du sport. Dans un costume de consultante qui lui va si bien, et dans lequel elle va pouvoir, sans aucun doute, continuer de grandir. Depuis 2015 sur Eurosport, chaîne en avance sur son temps quand il s'agit de bousculer les vieilles traditions. Et puis, dans le futur à l'attention du très grand public. On prend les paris ?

Nathalie, votre appétence pour l'exercice du commentaire commence à quel moment de votre vie ? Dans votre jeunesse, pendant votre carrière sportive ?

Je dirais que ça commence dès le moment où j'ai commencé à m'intéresser aux grandes compétitions sportives, que ce soit dans mon sport de prédilection (le patinage artistique) et les autres. J'ai des souvenirs de Jeux olympiques ou de Championnats d'Europe d'athlétisme par exemple. Il y a des voix qui sont là, qui nous parlent et qui servent la performance sportive. Forcément, quand ça transcende, ça me plaît. Et quand on me l'a proposé, ça m'a enthousiasmée ; l'idée de faire la transition entre celui qui s'y connaît sans avoir pratiqué et celui qui a pratiqué.

Vous avez parlé de voix qui vous ont transcendée. On retrouve qui par exemple ?

Patrick Montel, évidemment, Alexandre Boyon et Alexandre Pasteur aussi, que j'ai beaucoup aimé écouter. Il y a aussi en radio un journaliste que j'aime beaucoup, mais dont le nom m'échappe, qui était sur RMC aux J.O. d'hiver et que j'ai trouvé incroyable dans sa façon de nous faire vivre les compétitions. Là, c'était du ski de fond, et on y était quoi, même sans images. C'était dingue !

Vous arrêtez votre carrière sportive en 2014. Comment se passe votre arrivée dans le monde du commentaire ? Ça a commencé comment ?

Ça s'est passé de façon assez fluide. J'étais disponible, et je sais pas vraiment pourquoi, on est venus me chercher sur Eurosport. Faute de mieux peut-être (rires) ! J'ai dit oui tout de suite, parce que j'étais ravie de pouvoir partager ma passion. Ça me plaît de m'adresser à plusieurs publics différents. Sur Eurosport, c'est un public de connaisseurs. Et, en parallèle, j'allais sur RMC dans *Les Grandes Gueules* du sport ou sur *Stade 2*, où le public est moins connaisseur, mais tout aussi passionné de sport. Et j'adore ça, apporter de l'intérêt autour de ma passion.

Vous avez eu la pression avant de commencer ou la peur de ne pas faire l'affaire ?

Honnêtement non, parce qu'on me demandait de parler de mon sport, celui que je fais depuis toujours. On m'aurait demandé de parler de ski freestyle, ça aurait été différent, mais là j'étais à l'aise et détendue. Le défi, c'est d'essayer d'accrocher les gens qui découvrent et de leur donner le maximum de clés de compréhension. Le jugement humain, l'analyse d'une chute, le placement… J'essaie de me battre avec moi-même en me mettant à la place des gens qui découvrent. Pour leur donner le maximum d'éléments de compréhension de ce qu'ils sont en train de regarder. Au niveau de l'approche mentale, de la préparation, du travail que chaque mouvement nécessite. J'essaie d'être la plus complète possible.

Vous êtes donc aussi concentrée sur l'aspect pédagogique que sur l'aspect d'analyse pur et dur ?

Oui, complètement, et c'est ça qui est hyper intéressant. Parler du mental des patineurs, de l'enjeu, de la performance, les notes, les juges… C'est tellement complet, et il y a tant de choses à décrypter. Je pense qu'on a un rôle important à ce niveau-là. Pour que le public apprécie au maximum ce qu'il regarde, on doit lui donner le maximum de clés de compréhension. C'est ce que j'essaie de toujours travailler, parce que ça permet aussi de valoriser le sport que j'aime et que j'ai pratiqué. Donc, oui, la mission d'éclairage est vraiment hyper importante et fait partie de mon rôle. Et je le prends bien sûr très à cœur.

Comment vous jaugez vos premiers pas en 2015 avec le recul que vous avez aujourd'hui ?

C'est marrant, parce que je vois plutôt cette question en sens inverse. Je fais attention à ne pas perdre la fraîcheur de mes débuts qui faisait que j'avais pas forcément besoin de garde-fous étant donné que je baignais encore à fond dans le milieu du patinage. En fait, chaque année qui passe et chaque compétition sur laquelle je me retrouve, j'essaie toujours de me projeter sur ce que je pourrais ressentir à la place de patineurs, des juges ou des coachs. Ça me sert de piqûre de rappel maintenant que je suis moins dans les patinoires. Se souvenir d'où on vient, en fait, pour éviter de se faire dépasser par les nouvelles règles, etc. J'essaie de donner du fond.

Vous avez commencé sur Eurosport, à une époque où on commence à voir de plus en plus de femmes à l'antenne sur du commentaire. Eurosport ayant quand même fait office de chaîne précurseure en la matière. Est-ce que tout s'est bien passé pour vous ou bien y a-t-il eu certains obstacles sur votre route ?

Franchement, non. Je suis dans un sport où je ne suis pas une minorité. Il y a autant de femmes que d'hommes. Et puis, pardon, mais s'il faut se décrire, je ne me décris pas en premier lieu comme femme. Je suis avant toute chose une sportive de haut niveau à la retraite, et je n'ai jamais mis de barrière entre les hommes et les femmes. À la limite, ça perturbait plus les gens quand j'étais dans les instances qu'au commentaire. Si je creuse, évidemment, que je trouverai des petites phrases ! Mais oui, pour moi, c'est un non-sujet. On vit tous ensemble, et l'idée est de composer des équipes mixtes pour amener de la richesse. Je me suis toujours sentie très bien accueillie à Eurosport, donc total non-sujet.

Quand vous êtes arrivée dans le métier de consultante, est-ce que les méthodes et la routine de préparation que vous aviez en tant que sportive ont changé ? Je pense notamment à l'approche mentale d'une compétition…

Ça a forcément un peu changé, surtout dans le temps de préparation que demande une compétition bien sûr. Pour commenter, je commence à regarder les performances de tout le monde une ou deux semaines avant la compétition. Je me remets aussi dans les règlements, puisqu'ils changent souvent dans le patinage. Il me faut du temps pour être à jour, mais c'est complètement différent de l'époque où j'étais sur la glace, et la pression est beaucoup moins intense.

Nathalie, est-ce que vous préparez votre voix ? Est-ce que vous la travaillez ? Ça ferait office d'exception...

Alors, je vais vous faire plaisir. C'était pas dans le but premier de progresser dans le commentaire, mais j'ai pris des cours pour améliorer mes prises de parole en public, pour mon travail de conférence dans les entreprises ou dans les instances. Je trouvais que mes phrases étaient plates, j'ai donc travaillé pour poser ma voix, argumenter, mettre des idées en avant. Et des exercices de voix aussi bien sûr. Forcément, toute cette expérience rejaillit sur le travail de commentaire... Et j'en suis très contente !

Quand vous êtes sur une compétition, vous vous voyez comment en tant que consultante dans le style ? Dans l'émotion, l'analyse ?

Je suis de nature assez posée, mais s'il se passe quelque chose de fou, dans un bon ou mauvais sens, je vais pas pouvoir l'intérioriser. Et ça sort.

Après, il y a une spécificité sur Eurosport : on n'a pas le droit de parler pendant les programmes. S'il se passe quelque chose, on a le temps de le digérer et de l'intégrer quand le commentaire reprend. Sur France

TV, ils doivent parler absolument en permanence. Pas nous. On s'enflamme quand les micros sont éteints, et on est redescendus quand ils se rallument. Après, oui, je suis dans l'émotion et sur le côté humain. Mais Alban Préaubert, avec qui je commente, est très pointu sur la technique ; on se complète donc très bien. Et je me suis adaptée.

Par rapport à cette complicité avec votre journaliste binôme, qu'en pensez-vous ? Il faut qu'il y ait une vraie complicité hors antenne pour que ça bonifie le commentaire ?

De ce que moi je vis, je m'entends bien avec tout le monde. L'atmosphère est hyper agréable. C'est un peu différent de l'époque où je patinais. Pas besoin de s'aimer, d'être amoureux ou quoi pour performer. On s'en fout. C'est l'objectif commun qui compte, et le fait de le prioriser. Là, on n'est pas 24 h sur 24 ensemble, donc c'est plus cool. Les gens sont sympas, ouverts, on n'a pas de raisons de ne pas s'entendre. C'est la richesse des personnalités différentes qui apporte un plus. Il n'y a pas de schéma idéal.

Sur une compétition, on passe 6 à 8 heures au micro ensemble, ensuite on se quitte le soir, et on se retrouve pendant 4 ou 5 jours.

Vous avez un exemple de moment de complicité hors antenne ? Quelque chose que les téléspectateurs n'ont pas entendu ou perçu ?

Oui, j'en ai quelques-uns. Les viennoiseries le matin, la convivialité. On s'entend bien avec les équipes de production, on est une vraie équipe. Chacun à sa place pour bosser ensemble dans le but de bonifier l'objectif commun. On doit partager une passion avec le public, on n'a donc vraiment aucune raison de se prendre la tête, c'est hyper positif.

Et à l'antenne, vous avez peut-être un moment qui vous revient d'un peu drôle ou décalé ?

Alors, j'en ai, mais attention, ça peut ne faire rire que moi (rires) ! Pour vous dire, on se déplace rarement sur les compétitions. En général, on commente pendant 6 à 8 heures dans une cabine de deux ou trois mètres carrés.

Ce jour-là (je ne me souviens plus de la date exacte), on était en fin de direct, on était K.O. J'étais plongée dans mon papier. À un moment, je relève la tête, et je crie en voyant le visage du patineur en gros plan à l'écran. J'étais tellement fatiguée que j'ai été surprise, il m'a fait peur comme s'il était physiquement à 3 centimètres de moi. J'ai crié de peur en direct, forcément tout le monde a rigolé (rires). On était tellement fatigués !

Et j'en ai une seconde. On est toujours positifs sur Eurosport, il faut le savoir. C'est notre leitmotiv, on valorise au maximum. Mais parfois, on est obligés de dire qu'une tenue ou la musique n'est pas top. On tire à la courte paille pour savoir qui va dire ces trucs-là à l'antenne, tellement personne n'a envie de donner de détails négatifs (rires). On est bienveillants, mais ce n'est pas non plus le monde des Bisounours. C'est pour ça qu'on tire au sort celui ou celle qui devra s'y coller.

Plus globalement, est-ce que vous vous inspirez de ce que font les autres commentateurs ou consultants ?

Oui, j'aime bien écouter, parce que j'ai de l'appétence et que je veux voir comment sont traités les sports à l'antenne, j'aime bien. Après, attention, je suis lucide pour savoir ce que je ne suis pas. Quand j'entends Alex Boyon sur France Télévisions, j'adore. J'aime bien écouter les après-matchs en rugby aussi pour voir comment ils donnent les infos au public, comment ils amènent leurs analyses. Évidemment, j'écoute aussi le patinage artistique sur France TV pour voir comment ils le traitent et pour jauger aussi. C'est important de garder la curiosité et de ne pas rester autocentrée. On se nourrit de ce qu'il se passe autour de nous, et des améliorations que chacune ou chacun peut apporter à l'exercice. J'y suis très attentive parce que j'ai toujours soif d'apprendre.

Ça va jusqu'à l'échange ou la demande de conseils ?

Ouh la la, non, pas du tout ! J'irais pas du tout embêter Alex Boyon pour lui demander des conseils, d'ailleurs je ne sais même pas s'il est au courant que j'aime beaucoup sa façon de commenter. Je lui ai peut-être dit au détour d'une rencontre sur un site olympique. Mais oui, j'adore sa voix, elle est vraiment reconnaissable. Et au-delà des consultants, j'aime vraiment la façon qu'ont les journalistes-commentateurs de nous faire vivre l'émotion, au point de la décupler. Je trouve ça fou. Les consultants amènent autre chose pour moi. C'est plus la transposition, l'immersion. Et le journaliste, c'est l'émotion qui transcende le moment. Quand c'est pas vain ou que c'est pas du remplissage, je trouve ça vraiment génial. Même l'humour, s'il est fin, pas gratuit et qu'il n'exclut pas les gens qui regardent, c'est top. Il ne faut pas tirer la couverture à soi, mais prendre pleinement sa place au service du moment. En tout cas, je le vois comme ça.

Pour terminer, Nathalie, quel retour du public serait idéal à vos yeux ? Celui où vous vous diriez : « Là, j'ai rempli ma mission en tant que consultante » ?

Ah oui, elle est pas facile celle-là ! Ça touche au sport, bien évidemment. Je trouverais ça chouette que des patineurs pensent ou disent qu'ils sont contents de la présentation qu'on fait d'eux et de leur sport. C'est quelque chose que j'aurais aimé sentir comme patineuse. Quand je patinais et que je regardais des replays, il y avait des commentateurs, comme l'Anglais d'Eurosport… C'était dingue, il était incroyable. Toujours l'œil aiguisé et bienveillant. J'ai pas toujours retrouvé cette bienveillance chez nous. Et je vais même être plus cinglante, mais le placement de certains commentateurs… Quand je commente, je suis pas là pour faire le guignol et pour exister le plus fort possible. Je suis là pour valoriser ces gens qui s'entraînent très dur tous les jours pour pouvoir atteindre de grandes performances. Et c'est ça qui a de la valeur. Pas le physique de tel ou telle athlète, ou la couleur de ce qu'elle porte au plus près d'elle si je dois rester courtoise. Les patineurs et patineuses se cassent pas le c… à s'entraîner 8 heures par jour pour décrocher une médaille olympique, mondiale, européenne ou nationale pour qu'on passe 2 minutes à déconner sur la couleur de leurs sous-vêtements. Ça, par exemple, c'est un truc qui a tendance à me tendre assez vite et assez facilement.

Si on veut faire des blagues, on fait du café-théâtre, pas consultant.

C'est donc une relation d'amour pour votre sport et ses pratiquants, et une façon de faire la

passerelle entre eux et le public votre vision du rôle de consultant ?

Oui, exactement. Et le respect du travail qui est fourni, même s'il y a des choses qui peuvent ne pas bien se passer. Et on est là pour expliquer pourquoi ça ne s'est pas bien passé. En tout cas, sur Eurosport, on est là pour être bienveillants et pour mettre en valeur tout le travail qui est fourni par les sportifs. C'est ça qui prime. Et que le public le saisisse, en profite, et le comprenne. Si cette double mission est remplie, en tant que consultante j'aurai le sentiment d'avoir bien fait mon travail.

CHAPITRE 11

« TOUT LE MONDE EST GROGGY, SERGUEÏ BUBKA EST DEBOUT ! 6,16 M SUR LES TERRES DU TSAR ! »

NICOLAS JAMAIN

15 février 2014. Droubja Arena (Donetsk)

Meeting "Pole Vault Stars"

Record du monde de Renaud Lavillenie au saut à la perche

Battre un record du monde. Vivre un record du monde. Commenter un record du monde. Un Graal collectif. Pour celui qui réussit la performance, bien sûr, car il sait que quoiqu'il arrive, quelle que soit la suite de sa carrière et ses récompenses futures (ou non), cette performance, ce jour-là restera de toute façon inscrit dans l'histoire du sport. La grande histoire.

Pour Nicolas Jamain, la magie que nous parcourons à travers chacune des histoires dans lesquelles nous nous replongeons opère également ici. Parce qu'il se retrouve, lui aussi, projeté dans une autre dimension. Aurait-il imaginé au moment où il commence à suivre cette compétition si particulière que son Graal serait là aussi ? En quelques secondes, le temps d'une course d'élan et d'un décollage perche en main, le temps s'arrête, puis se suspend. Et la dimension change. On sublime avec ses mots quelque chose de déjà fabuleux. Les proportions que tout cela prend sont alors d'aucune commune mesure. La passion à son paroxysme. Avec, dans ce cas précis, un effet de surprise. Car une finale de J.O. n'est pas une finale de Coupe du monde. On n'est pas préparé de la même manière. Et les émotions sont forcément différentes. Moins de dix fois. Moins de dix fois seulement dans l'histoire, des Français ont connu ce délice de battre un record du monde en athlétisme.

Il est vrai que le porte-drapeau de la perche française battant potentiellement le record du monde de Bubka à Donetsk, dans une compétition exclusivement dédiée à la perche, et qui plus est sous les yeux du maître en personne... ça aurait vachement de gueule.

Nicolas, ce dont on va parler maintenant ne nous rajeunit pas. On va retourner ensemble le 15 février 2014. Avant de rentrer plus en détail dans cette histoire incroyable, que t'évoque l'énoncé de cette date comme premier ressenti ?

La première émotion, je vais être très clair, c'est mon plus grand souvenir de journaliste. Cela fait quasi vingt ans que je fais ce métier, et c'est le moment le plus intense émotionnellement que j'ai ressenti. Y a mille raisons qui l'expliquent, et on va y revenir, mais c'est un moment de grâce, pour l'athlète qu'est Renaud Lavillenie bien sûr, mais aussi pour le journaliste que je suis depuis 3 ans à RMC. Je ne l'écoute pas forcément souvent, mais ça fait partie de ma vie professionnelle et personnelle aussi. Ce sentiment d'être dans un moment suspendu. Je suis ce soir-là l'un des seuls journalistes français présents sur place ; le fait que ce soit un record du monde à la perche, il y a un côté aérien qui donne un relief particulier à tout ça.

Parlons donc de ce 15 février 2014, Nicolas. Tu l'as dit précédemment, des souvenirs te reviennent sur ce lendemain de Saint Valentin plein d'amour à l'hôtel. Toi, tu arrives là, comment est-ce que tu prépares à cet événement particulier ? Quelle est ta routine ?

Comme d'habitude. On est à un moment où je commence à couvrir de plus en plus l'athlé pour RMC. C'est un sport que j'adore depuis que je suis gamin, puisque je suis de la génération France 2 dernière ligne droite Patrick Montel. J'ai grandi avec ça. Je suis Lavillenie depuis longtemps. Avec cette idée que je ne vais pas avoir forcément beaucoup de temps d'antenne. S'il échoue au troisième essai à 5,97 m ce soir-là, je n'existe pas, il n'existe pas non plus. Ça aurait donné un « Merci, Nicolas Jamain, ce sera une prochaine fois pour Renaud Lavillenie ». Et fin de l'histoire.

LE BOX OFFICE DU SEMESTRE

LA VIE D'ADÈLE
SORTI LE 9 OCTOBRE 2013

HUNGER GAMES - L'EMBRASEMENT
SORTI LE 27 NOVEMBRE 2013

LA REINE DES NEIGES
SORTI LE 20 NOVEMBRE 2013

LE LOUP DE WALL STREET
SORTI LE 25 DÉCEMBRE 2013

YVES SAINT-LAURENT
SORTI LE 8 JANVIER 2014

« Je me considère pas comme un critique ciné, mais je consomme beaucoup. De Melville, Clouzot à Cronenberg, Soderbergh, Kubrick... En travaillant avec Daniel Riolo, Thibaud Leplat ou Flo Gautreau, c'est un outil en plus pour guerroyer avec eux. Ils ont besoin de sentir que tu es au point avec ta culture générale pour converser. »

Ton commentaire a quelque chose de spécial. Tu as moins de marge pour te mettre en conditions idéales, non ?

Je sais pas s'il y a vraiment des conditions idéales. C'est sûr qu'en foot on sait que quand Ronaldo et Messi sont là, il va sans doute se passer quelque chose. Là, on parle de quelques secondes pour Renaud. C'est tellement aléatoire la perche, c'est tellement précis et technique. S'il a pas les jambes ou quoi... Les gens pensent qu'il suffit de courir vite, planter la perche et s'éjecter en l'air. Non !

Le passage du bassin, la vélocité, le nombre de pas avant le sautoir, la prise d'élan, la prise de la perche dans les mains... Et puis il y a quelque chose d'irrationnel. T'es sur un fil. J'en ai conscience, mais je veux pas croire que ça va le faire. Je vais paraphraser Patrick Montel, mais je me dis : « Alors, peut-être... » Mais il a passé 6,08 m, et il reste 8 cm. C'est énorme. Même son staff dit : « S'il le sent, on ira, mais attention, c'est un monde, 8 cm. » Après, Lavillenie est un peu dingo. Il n'a aucune limite. Il est dans la forme de sa vie à ce moment-là, donc on sait jamais.

C'est au moment où il choisit d'y aller à 6,16 m que tu te dis : « Bon sang, s'il faut, je suis tout seul pour le vivre, il n'y a pas d'autres journalistes » ou ça vient avant ?

Ça vient avant. Il démarre son concours à 5,76 m, le temps est long. Christophe Cessieux, qui gère la tranche RMC à Sotchi, vient me voir, et je lui explique qu'on attend, qu'il a toujours pas démarré. Il démarre, passe 5,76 m avec une marge hallucinante, derrière il fait l'impasse et il passe 5,91 m au premier essai. Puis 5,96 m ; il échoue 2 fois. Il lui reste un essai. Et là, il se dit qu'il va tenter son dernier essai à 6,01 m. Et il passe. La bascule, elle est là, parce qu'on se dit que le mec se sent suffisamment fort pour faire ça. Là j'alerte en disant qu'il se passe quelque chose. Je quitte ma position commentateur, je cours pour aller à la table des juges. Et je n'en reviens pas. Je vois marqué 6,16 m. Je cours alors comme un gamin de 8 ans, hein ! Le moment est déjà suspendu. Je cours à ma position commentaire, pas loin du sautoir, et je dis aux gars en régie : « Il va tenter le record du monde à 6,16 m. » Christophe Cessieux vient me voir en me demandant si c'est vrai, je lui confirme : « C'est énorme, il va le tenter, il va le tenter ! »

Et c'est à ce moment-là que tu passes en simultané télé et radio ? Comment est-ce que ça se passe ?

Là encore, c'est fou. Quand on arrive à Donetsk, dans cette salle de 4 000 ou 5 000 personnes, mon chef de car, Dominique, a tout son matos. Sa caméra, ses câbles, son trépied. Et on se demande si on peut pas se connecter pour diffuser en direct, parce que personne ne diffuse en France. Les Ukrainiens, super sympas, lui donnent la possibilité de se connecter, et à Paris le signal est reçu. Incroyable. Le mec se met donc au bord du sautoir à filmer tous les sauts de Lavillenie pour une diffusion en différé. Moi, sur ce moment-là, je suis en direct à la radio. C'est après que les gens ont collé mon commentaire sur le record du monde par rapport à l'image. Avec un rajout du logo.

LA PLAYLIST

« PAPAOUTAI »
STROMAE
« DERNIÈRE DANSE »
INDILA
« ROAR »
KATY PERRY
« HEY BROTHER »
AVICII
« CAN'T REMEMBER TO FORGET YOU »
SHAKIRA FEAT. RIHANNA
« LIAR LIAR »
CRIS CAB
« DEMONS »
IMAGINE DRAGONS
« ZOMBIE »
GIMS
« INSTANT CRUSH »
DAFT PUNK
« WRECKING BALL »
MILEY CYRUS
« TALK DIRTY »
JASON DERULO FEAT. 2 CHAINZ

« Je me souviens de "Get Lucky" qui est à ce moment-là aussi... J'écoutais beaucoup Pharrell Williams à l'époque de N.E.R.D.. Je l'ai découvert à cette période-là, avant de le redécouvrir en solo. Clairement validé, très très bon souvenir ! »

Ce commentaire justement, Nicolas. Ce fameux saut de record. C'est de la passion et de l'émotion pures. Mais il y a quand même un monologue assez long et riche. C'est un monologue aérien, où tu nous emmènes après nous avoir pris par la main...

Alors, par rapport à ça, je ne saurais dire quelle est la part de l'expérience et de l'acquis dans ce commentaire, et la part de la passion. Tout est spontané, rien n'est écrit. Je crois que, quand ça passe, je pousse un « Ooooohhhh ! », parce que je suis pris dans l'événement dans toute son intensité dramatique. Quand ça passe, je n'en reviens pas. Ça fait des heures qu'on se demande s'il va y aller, si ça va le faire, et ça le fait. Et là, en fait, tu déroules ce que tu sais faire. La part d'expérience, d'acquis et de compétence, elle vient là. Tu racontes ce que tu vois. Et qu'est-ce que je vois ? L'émotion. Je répète « Record du monde » plusieurs fois. Trop peut-être, mais on s'en fout. L'important, c'est pas de faire une belle phrase à ce moment-là. C'est de répéter ce qui se passe, ce que tu ressens. Après, dans un second temps, tu regardes ce qui se passe autour de toi. Et effectivement, tu vois Lavillenie qui a les mains sur la tête, complètement perdu dans la salle. Il sait pas ce qui vient de lui arriver. Tu regardes les gens qui sont groggy, c'est le mot qui m'est venu. J'aime pas trop le mot, c'est con, mais bon...

Moi, j'aime bien « groggy ». Y a une notion d'« assommé »...

Ah oui. Bah voilà, « assommé », j'aurais préféré. Après ce sont les goûts de chacun. Et puis je me retourne, Bubka est cinq rangées derrière moi. Je le regarde, ce sont des réflexes d'expérience finalement.

Quelque part, vos destins s'entrechoquent à ce moment-là. Il y aura un avant et un après pour vous deux. Tu en prends conscience de suite ou ça vient plus tard ?

Ça vient pas sur le moment. Sur le moment, c'est de l'émotion brute. C'est après, quand tu vois que ça s'affole complètement. Ça devient un vrai délire. On prend des duplex tous les quarts d'heure, on est la seule télé sur place... Je me souviens qu'un caméraman de TF1 est là, mais il est un peu perdu, le pauvre. J'en prends aussi conscience quand on me dit que j'ai l'exclu sur Lavillenie pour une longue interview en direct sur BFM TV, et je fais le saut à 6,21 m quand il se casse le pied en direct sur BFM aussi. Quand on me dit que le duplex en direct avec lui est *deal*, c'est fou ! Avoir un recordman du monde en exclusivité sur une chaîne qui n'est pas une chaîne de sport... Là, tu comprends que ce que tu vis est unique. Et quand derrière, on te dit : « France 2 est battue, c'est une catastrophe. Ils ont envoyé personne, Montel est à Sotchi, ils achètent ton duplex pour l'ouverture du 20 heures », avec tout l'impact que comporte cette décision, ça n'est jamais arrivé. J'ai François Pesenti le boss de RMC et Hervé Bérou le boss de BFM qui me disent que c'est extraordinaire ce qui se passe. On m'informe que je vais passer dans les matinales pour tout raconter de A à Z. C'est avec tout cet enchaînement que je me rends compte que ce que je vis est dingue.

On va revenir sur cette reconnaissance, mais je voulais savoir si tu es content de ton commentaire, avec ces années de recul ?

Comme je t'ai dit, à part le choix du mot « groggy » dont je suis pas très fan... D'ailleurs, au moment où je le dis, je sais qu'il a du sens, il colle avec ce que j'observe, mais je crois que je le dis mal. Je crois que j'ai dit « hystérie » un peu fort peut-être. Ça fait un peu partie du jargon du journaliste sportif qui se laisse aller dans le petit excès du moment... Mais oui, dans l'ensemble, je suis quand même content parce que l'essentiel c'est l'émotion que tu transmets, et je pense que mon émotion est parfaitement sincère. Je ne cherche à aucun moment à en rajouter, à surligner l'événement. Je transmets tout ce que je vois avec mon émotion de spectateur et de fan de sport. En ça, je suis serein. J'ai pas le souvenir de me dire : « Attention, ne te plante pas, c'est un moment historique ! » En revanche, je m'en serais voulu si j'avais vraiment foiré, parce que c'est tellement rare dans une carrière de journaliste sportif de pouvoir commenter un tel événement que si tu savonnes, tu te trompes de terme ou de prénom... Putain, tu t'en veux quand même, parce que Lavillenie a fait le boulot, à toi de le faire aussi à la hauteur du truc ! C'est ça, les destins liés.

Pour terminer, Nicolas, le fait de voir ton commentaire considéré comme un commentaire de légende, cette reconnaissance, comment tu la gères ?

Je suis super content que ce commentaire ait plu. Que plein de gens m'aient dit qu'ils s'étaient arrêtés de faire leur activité pour le suivre. Maryse Éwanjé-Épée (détentrice du record de France du saut en hauteur de 1983 à 2007, NDÉ) m'a dit qu'elle avait pleuré en l'écoutant, parce qu'elle avait pris mon émotion en pleine poire. C'est ça, la plus belle des reconnaissances. Ça paraît un peu démago de dire ça, mais c'est la réalité. Après, on m'a dit de me présenter aux micros d'or, qui récompensent le meilleur commentaire de l'année. Je l'ai fait, j'ai envoyé ce commentaire, j'ai gagné, et c'est sur place que j'ai vraiment réalisé, tu vois. Il y avait un jury de sportifs, Camille Muffat était présidente du jury. Quand tu passes devant le jury, ils diffusent ton commentaire devant cette quinzaine de sportifs de haut niveau. Et j'ai vu leur émotion, chose que je n'avais jamais vue de ma vie encore. Et quand je vois Camille Muffat bouche bée, alors qu'elle a déjà écouté le passage et trois ou quatre autres sportifs émus, je me suis dit : « Wow, c'est fort ! »Mais je ne dissocierai jamais mon commentaire de la performance. Sans elle, il n'existe pas. Et je me dis que jamais je ne pourrai revivre ça. Seul sur place, en quasi-exclusivité, record du monde, t'as l'impression d'être sur l'ORTF tellement tu es seul. Cette dimension-là, je ne l'aurai plus jamais. Y aura toujours mille journalistes sur un événement comme ça, ce sera toujours la pagaille pour avoir la réaction... Ce soir-là, j'étais un gamin devant un sapin de Noël avec tous les cadeaux pour lui. J'ai eu d'autres émotions, comme lors des J.O. de Rio, mais ce moment-là restera pour moi comme le plus fort de ma vie, c'est une évidence.

L'ACTU MÉDIA

Deux tendances se dégagent dans cette période fin 2013/début 2014 : la bagarre de l'access prime time, et le retour des émissions cultes. Ce début de saison média 2013-2014 est marqué par l'arrivée sur *Le Grand Journal* – un monstre d'audience – d'Antoine de Caunes, à la place du taulier Michel Denisot. *C à vous*, avec Anne-Sophie Lapix, monte, mais c'est surtout D8 qui arrive en trombe. Vincent Bolloré n'a pas encore racheté le groupe Canal, mais Cyril Hanouna est déjà là. Il a battu son rival de NRJ 12, Jean-Marc Morandini, dont l'émission est arrêtée. Et en attendant l'arrivée d'un concurrent sur TMC (c'est alors Julien Courbet qui officie), le trublion de *TPMP* grignote sur les audiences du *Grand Journal*, dans lequel Yann Barthès peaufine encore son concept. En deuxième partie de soirée, *Faites entrer l'accusé* est toujours au sommet malgré le départ de Christophe Hondelatte, et Laurent Ruquier fait la loi le week-end avec *On n'est pas couché*. L'une des nouveautés de cette saison-là, c'est le retour de concepts cultes… sur la TNT. *Le Maillon faible*, *À prendre ou à laisser* et même *Intervilles* (l'été sur Gulli) vont faire leur retour après avoir disparu à la fin des années 2000. C'est ça aussi, la télé de 2013-2014.

LES AUTRES SPORTS

C'est l'équipe de France collective la plus titrée de l'histoire. Probablement la plus belle de l'histoire de son sport. Au moment où Renaud Lavillenie s'apprête à marquer l'histoire, les Experts l'ont déjà fait. Champions d'Europe en concassant le Danemark… au Danemark. Les Bleus de Karabatic, Omeyer, Narcisse, Guigou, Abalo sont irrésistibles et confirment leur statut de plus grande équipe du monde. Une autre équipe de France au sommet, probablement la plus belle de l'histoire, celle de basket. Puisque c'est à la fin de l'été 2013 que la bande de Tony Parker va chercher le premier titre européen de son histoire. Avec une demi-finale légendaire contre le rival espagnol. Les Bleus du foot eux se font punir à Kiev contre l'Ukraine en barrage aller en novembre 2013 2 à 0. Et en trois jours, l'équipe se transforme en commando. Quatre jours après, dans un Stade de France en feu comme rarement, les Bleus se révoltent. Karim Benzema et surtout Mamadou Sakho d'un improbable doublé envoient les Bleus à la Coupe du monde au Brésil. Le déclic.

« Je me souviens du France-Ukraine, bien évidemment, la qualif' in extremis... Même si, en février, on est encore loin du Mondial. »
N. JAMAIN

CHAPITRE 12

« THOMAS HEURTEL, DONNE-MOI TON SHORT ! »

DAVID COZETTE

10 septembre 2014. Palacio de Deportes de la Comunidad de Madrid (Espagne)
Quart de finale de Coupe du monde de basket
Espagne-France (55-62)

Définition de l'extase : « État dans lequel une personne se trouve comme transportée hors de soi et du monde sensible. Exaltation provoquée par une joie ou une admiration extrême. » C'est une formule quasi mathématique. Un paradoxe quand on pense que cette sensation impalpable peut être formulée de manière scientifique. L'extase est souvent provoquée lorsque l'inattendu, voire même l'impensable se produit. Une lumière au bout d'un tunnel que l'on pense long et sombre. La phrase qui nous intéresse ici est l'illustration type de ce qu'entraîne ce grand écart émotionnel. Un grand écart à la Jean-Claude Van Damme. Un contexte où tout promet l'enfer à l'équipe de France de basket. Une confrontation digne de David contre Goliath, ou de la bataille des Thermopyles pour les fans de péplum. Mais le sport et son incertitude font parfois les choses de manière surprenante. Et l'excès de confiance peut parfois se retourner contre soi. Ce jour-là, ce sont les Espagnols qui vont l'apprendre à leurs dépens.

Pour un commentateur, l'extase peut s'inviter sous différentes formes. Plusieurs types de cases peuvent être cochées pour inviter une voix à basculer dans l'irréel. Que ce soit pour un exploit sans titre, mais légendaire, ou bien un titre légendaire, quelle que soit la manière, les recettes qui mènent à l'extase sont diverses. Ici, avec les mots de David Cozette, nous allons voir que les ingrédients sont tous réunis. Une équipe de France qui s'avance auréolée d'un titre qui semble lointain sur les terres de l'un des principaux favoris de la compétition. Le plat est déjà bien garni. Mais si, pour la sauce, on rajoute que le pays hôte et favori en question s'avère être le plus grand rival des Bleus, on se retrouve avec un plat bien épicé. Ce match Espagne-France du 10 septembre 2014, c'est un néophyte qui nous réserve un plat digne d'un restaurant étoilé. On se ressert jusqu'à déboutonner le premier bouton du jean pour gagner de la place. Parce que c'est tellement bon. Extatique. Et pour David Cozette, c'est une *legacy* (les anglicismes, quand on parle de basket, sont une quasi-obligation, mais c'est vrai qu'héritage convient aussi) après laquelle il serait un peu hors de propos de courir. Mais qu'on est quand même content de laisser.

LE BOX OFFICE

BABYSITTING
SORTI LE 16 AVRIL 2014

LA PLANÈTE DES SINGES, L'AFFRONTEMENT
SORTI LE 30 JUILLET 2014

LUCY
SORTI LE 6 AOÛT 2014

LES GARDIENS DE LA GALAXIE
SORTI LE 13 AOÛT 2014

EXPENDABLES 3
SORTI LE 20 AOÛT 2014

« Alors déjà, je suis pas du tout Marvel ou DC Comics. Après, tu parles de *Barbecue*, c'est drôle, mais j'ai reçu Guillaume de Tonquédec dans mon hôtel à Hyères cet été (2022) et j'ai adoré ce film. »

David, si je te parle du 10 septembre 2014, quels sont les premiers mots qui te reviennent ?

La date précise, je la connais pas, mais je sais de quoi on parle. Et je sais qu'à chaque rentrée, chaque mois de septembre, j'étais soit sur un championnat d'Europe, soit sur un championnat du monde. Je le sais parce que j'ai raté toutes les rentrées scolaires de mes deux filles. Si on parle de 2014, je sais que ça nous ramène à la Coupe du monde en Espagne. Et au-delà de la phrase que j'ai lâchée et qui est restée par la suite, c'est plus le match dans sa globalité. Parce que c'est probablement le plus beau souvenir sportif que j'ai en tant que commentateur.

On arrive à cette fameuse Coupe du monde 2014 de basket, et c'est intéressant pour commencer de parler de ce qui se passe avant ce France-Espagne. Comment est-ce qu'on prépare une compétition comme celle-là ?

On prépare au fur et à mesure. Il y a surtout beaucoup de boulot au début de la compétition, parce que c'est là qu'il y a le plus d'équipes à connaître. Et puis, plus la compétition avance et plus on réactualise en fonction de ce qu'il s'est passé.

Tony Parker n'est pas là, et dans cette équipe de France, il y a beaucoup de jeunesse...

Clairement, pour tout le monde, cette équipe de France 2014, c'est celle sans Tony Parker, qui est déjà à ce moment-là le plus grand joueur de l'histoire du basket français. C'était quelque chose de marquant. Mais ce que les gens ont parfois un peu oublié, d'autant plus quand on voit le poids qu'il a encore dix ans plus tard, c'est que Nando de Colo s'est blessé. Ce n'était donc plus seulement la France sans Parker, mais il fallait faire aussi sans Nando, soit deux joueurs majeurs du groupe. Il y avait déjà Rudy Gobert et Evan Fournier (avec des cheveux à l'époque), mais c'étaient encore de jeunes joueurs.

LA PLAYLIST DE L'ÉTÉ

« WE ARE ONE (OLA OLA) »
PITBULL FEAT. JENNIFER LOPEZ

« LA LA LA »
SHAKIRA

« BREAK FREE »
ARIANA GRANDE

« SHE LOOKS SO PERFECT »
5 SECONDS OF SUMMER

« NA NA »
TREY SONGZ

« SING »
ED SHEERAN

« WEST COAST »
LANA DEL REY

« SUR MA ROUTE »
BLACK M

« A SKY FULL OF STARS »
COLDPLAY

« SUMMER »
CALVIN HARRIS

Là, David, il faut que tu nous réexpliques ce que signifie un match à élimination directe entre la France et l'Espagne au basket... On va être honnêtes, ça donne un peu « la tremblote »...

Oui, on est en plus au cœur d'une grande histoire de rivalité qui remonte loin. Quand l'équipe de France de la génération Parker remporte la première médaille de son histoire (la France a alors déjà été médaillée d'argent aux J.O. de Sydney en 2000), c'est en 2005. Et en finale pour le bronze, la France atomise l'Espagne. Mais derrière ce match-là, l'équipe espagnole a bien pris sa revanche puisqu'en gros, chaque année, ils se rencontrent. Et c'est quasiment à chaque fois l'Espagne qui gagne. Sauf en 2013 avec ce scénario incroyable, et des Français très largement menés à la mi-temps qui vont finalement retourner le match contre l'Espagne, s'imposer, et battre ensuite la Lituanie pour devenir champions d'Europe. À force de se confronter chaque année, il y a une énorme rivalité qui s'est développée avec, quand même, un avantage clair à l'Espagne, il faut bien le reconnaître.

***D'autant plus que cette rivalité dépasse le terrain. Ils ne s'aiment pas. Tu la rangerais dans la catégorie des rivalités saines, toi ? Je la trouve un peu bestiale avec des sales coups, du gros* trash talking...**

Ah oui, bien sûr. On se souvient de la frustration à la fin du quart de finale des Jeux de Londres par exemple, où on voit Nicolas Batum, qui est loin d'être le plus filou, sécher Juan Carlos Navarro ; on se souvient de Rudy Fernández lors d'un match à Bercy qui avait mis une énorme manchette à Tony Parker... Lors de la fameuse demi-finale de 2013, on se souvient que c'est Boris Diaw qui sonne la révolte en séchant Sergio Llull sur une fin de contre-attaque... Oui, il y a eu des gestes un peu durs, parfois un peu vilains, et forcément l'histoire a fait le reste.

Pour revenir au match, d'un côté on a une équipe de France privée de plusieurs cadres, très jeune et plutôt inexpérimentée à ce niveau-là. Alors qu'en face, l'Espagne est au complet. C'est une vraie armada...

On a déjà Pau Gasol qui est bien présent. L'équipe est au complet avec cette génération qui est à son summum. Ils n'ont jamais eu un effectif aussi riche, et en plus, ils jouent chez eux. C'est très simple, personne n'imagine une autre finale que l'Espagne contre les États-Unis. Et je me souviens que pendant la phase de poule, ils passent tout le monde au broyeur. Ils découpent en rondelles tous leurs adversaires.

C'est ce que vous vous dites avec George Eddy qui commente le match à tes côtés ? Vous êtes un peu fatalistes ?

On a confiance en la vaillance de l'équipe de France, mais elle a été loin d'être sereine sur le premier tour, et sa quatrième place l'oblige à jouer cet énorme match dès les quarts… Moi, franchement, j'y crois pas une seconde. Je n'y crois pas UNE SECONDE. Mais s'il y a bien un poste où la France était meilleure que l'Espagne, c'était sur le coaching.

Ce que tu espérais se produit. Il y a match ! Est-ce qu'il y a un moment où tu commences à te dire qu'il y a moyen de faire mieux que les tenir, ces Espagnols ?

Si j'essaie de rassembler mes souvenirs, je crois que c'est plus dans le quatrième quart temps, quand on voit qu'on est toujours à proximité, mais c'est tard, bien sûr. Comme on dit au basket, si on fait un match de traînards en restant au contact et sur une série, on passe devant au début du quatrième quart temps là, pourquoi pas ?

La montée en tension quand on est aux commentaires par rapport à la rythmique du match… Comment est-ce qu'on la gère ?

Sur ce genre de match au couteau, qui plus est quand c'est l'équipe de France, je suis tendu comme une arbalète. J'ai un poids sur les épaules terrible, et ça m'est arrivé parfois d'être à deux doigts du malaise vagal sur de gros matchs. Avec une pression pareille sur un match comme Espagne-France, je suis quasiment en apnée tout le long.

On est clairement en montée de tension progressive dans ce France-Espagne. À quel degré de tension es-tu au moment où Thomas Heurtel arme ce fameux shoot à trois points ?

Je suis dans un état de tension maximale. Je me souviens parfaitement dire : « Oh, c'est gonflé ! » deux fois pendant que la balle est en l'air. Parce que le match est sur la bascule et prendre ce shoot-là à ce moment-là, ça peut soit tuer le match, soit ça peut mettre l'équipe vraiment en difficulté si le tir est raté et que derrière l'Espagne marque. On est clairement sur la bascule. Et il arme ce shoot, devant Pau Gasol qui fait 2,15 m…

Et ça rentre. Il se passe quoi à ce moment précis ?

Là, je réfléchis plus. Je suis à moitié supporter, à moitié commentateur, mais il faut quand même que je garde une forme de contrôle. Comme je suis tout de même dans l'émotion, mon rôle est de trouver le juste milieu pour la faire passer et faire comprendre à quel point le moment est important. En plus, à ce moment-là, je me souviens que le réalisateur fait un plan de coupe sur la réaction du banc de l'équipe de France. Je revois Antoine Diot qui saute en l'air… Les joueurs français sont en transe parce qu'ils ont compris comme moi qu'on touche au but !

Et la phrase qui te vient dans la foulée, c'est « Donne-moi ton short » !

J'en ai pas conscience sur le coup, mais c'est comme si je représentais tous les supporters de l'équipe de France. Donc là, on est à la fois journalistes et aussi un peu comédiens pour faire vivre les choses, etc. Mais on est supporters parce que c'est l'équipe de France, et là il fallait que je trouve un truc un peu sympa, rigolo et qui marque notre profonde affection pour cette équipe. C'est notre dieu du moment, quoi !

Si je dis : « Donne-moi ton maillot », ça fait un peu trop fan ; il fallait donc autre chose. Et avec le côté short, il y a le côté un peu couillu aussi, faut l'avouer. Et c'était rigolo. C'était pas pour sortir une connerie, mais quelque chose de décalé. Après je m'en suis pas rendu compte. Cette expression-là m'a complètement échappé en plus !

C'est fou parce qu'on se souvient autant du shoot de Thomas Heurtel que de ton commentaire accompagnant ce moment. Qu'est-ce que ça t'évoque comme sentiment ?

Avec le recul, c'est une fierté de savoir que j'accompagnerai cette action qui va rester dans l'histoire du basket français pour toujours. On en a reparlé une fois ou deux avec Thomas. On n'est pas amis, mais je sais que c'est quelque chose qui, quelque part, nous unit.

À quel moment tu te rends compte que ce que tu viens de dire va rester ?

Pas sur le coup, déjà, parce que je me souviens bien que, quand je sors de cette action, je suis en lévitation, et Georges Eddy me calme en disant avec son accent : « Reste calme. » Et plus on avance dans le temps après ce match, plus ça devient mythique. Je suis propriétaire d'un hôtel depuis 2019. Le nombre de gens qui sont venus me voir pour me dire : « Donne-moi ton short », alors que ça commence quand même à remonter… c'est fou ! Y a des gens qui sont venus à l'hôtel exprès pour voir le short, parce que j'avais mis sur les réseaux que je l'avais dans mon bar. Et donc, les gens venaient pour prendre des photos avec le short.

A posteriori, *est-ce que tu es satisfait de cette phrase culte ?*

En toute sincérité, je ne me suis jamais posé la question. Et c'est parce que tu m'en parles que je suis obligé de faire une introspection. Tant mieux à la limite, parce que je trouve que c'est un peu rassurant que je me la sois pas posée avant. Sinon, ça veut dire que je suis en train de choper le boulard ! C'est pas plus mal. Je ne suis pas spécialement content de ce que j'ai sorti. Je pense que ce sont plus les gens qui en ont fait ce qu'ils ont voulu en faire. Même, regarde, par exemple, je le tutoie… C'est le côté décalé et en même temps vénérateur et représentatif de tous les supporters. Jamais je m'étais interrogé sur ça, mais comment dire… Parfois j'ai de la répartie, un trait d'humour, et je suis content d'avoir trouvé la vanne !

Tu as beaucoup commenté avec Georges Eddy, avec Jacques Monclar aussi. Cet échange insoluble qui consiste à inspirer les autres et à être inspiré par eux, tu trouves qu'il existe ?

Oui, on écoute et on se nourrit. Mon autre rôle, c'est de mettre en valeur mon consultant. J'ai la chance avec ma personnalité d'arriver à trouver une place intéressante à côté de consultants qui, très souvent (j'ai eu cette chance), étaient des Rolls ou des Ferrari. Quand les deux mecs avec qui vous avez le plus commenté dans votre vie, c'est Jacques Monclar et Georges Eddy, bon bah voilà quoi ! C'est facile en somme !

Vous l'avez fêtée après, cette victoire, quand même ?

Oui, bien sûr. On s'est retrouvés entre journalistes, avec quelques agents et des gens de la Fédération française de basket. On s'est retrouvés dans Madrid dans une belle boîte où on avait réservé une ou deux tables. Et on s'est couchés, il faisait jour, c'est vrai. Mais je n'en dirai pas plus...

Pour finir, David, quand on est commentateur et qu'on se retrouve avec un commentaire qui reste dans l'inconscient collectif, on se dit quoi ?

Moi, j'ai fait ce métier... Je suis un escroc. J'ai fait ce métier pour aller voir du basket au premier rang. On m'a payé pour ça. On m'a payé pour aller voir des matchs de basket toute ma vie. Et, en plus de ça, j'ai pu le partager avec plein de monde. C'est le plus beau métier de la Terre. Et si, en plus, derrière ça, on se dit quand je ne serai plus là : « Ah ouais c'est lui qui a dit ça ! », je suis obligé de reconnaître qu'il y a une certaine forme de fierté, bien sûr.

L'ACTU MÉDIA

C'est avec un *bad buzz* venu du net que démarre cette saison média 2014-2015. Ces photos volées, que l'on va qualifier ici « d'intimes », de stars telles que Rihanna, Jennifer Lawrence ou encore Kim Kardashian. Jamais une fuite venue d'Internet n'avait autant fait les gros titres. Pour le reste, Antoine de Caunes entame sa deuxième saison aux commandes du *Grand Journal* de Canal +, précédé par le très bon *Before* de Thomas Thouroude. Les audiences de *Secret Story* saison 8 dégringolent, là où celles de *C dans l'air* avec Yves Calvi ou des *Reines du shopping* de Cristina Córdula sont en augmentation constante.

C'est aussi lors de cette rentrée 2014 que l'on enregistre quelques retours marquants, parmi lesquels *Koh Lanta*. C'est aussi en juillet 2014 que l'on dit au revoir à l'émission qui a révélé Arnaud Tsamère, Kev Adams ou encore Jérémy Ferrari, *On ne demande qu'à en rire*. Petit coup de cœur pour *Des chiffres et des lettres*, doyenne du PAF qui démarre une 52e saison avec toujours ce statut d'intouchable.

LE RENOUVEAU BLEU

Une tête maudite, des larmes et une promesse. Résumé parfait l'équipe de France lors de la Coupe du monde au Brésil, achevée par le sacre de l'Allemagne face à l'Argentine de Messi. Avec, comme séisme, la correction de légende infligée à un Brésil en naufrage 7-1 par les Allemands. La tête maudite, c'est celle de Mats Hummels qui bat Varane au duel pour offrir le seul but du quart de finale. Les larmes, c'est ce visage rougi d'Antoine Griezmann, qui vit alors sa toute première compétition internationale et qui voit son rêve brisé par une Allemagne clinique, froide. À l'image d'un Manuel Neuer impassible, tel l'agent 47 de *Hitman*, sur la frappe surpuissante de Karim Benzema quasi à bout portant. On les a tant détestés que l'empathie créée par le nouveau chouchou montre qu'on se remet à les aimer. D'où la promesse d'un futur sous de bons auspices. Et ça tombe très bien, puisque la prochaine compétition arrive très vite, et c'est l'Euro 2016, en France.

CHAPITRE 13

« TONY YOKA ET ESTELLE MOSSELY ! ILS SONT CHAMPIONS OLYMPIQUES. QUEL COUPLE EN OR ! »

ARNAUD ROMERA

20 mai 2016. Pavillon 6 Riocentro (Rio de Janeiro)
Finales olympiques de boxe en -60 kg femmes et +91 kg hommes
L'or pour Estelle Mossely et Tony Yoka

Le syndrome de l'imposteur est défini comme le sentiment de remettre toujours en question la place qu'on occupe. On remet en cause sa légitimité à être à la place qui est la nôtre, on considère que la plupart des gens seraient capables de faire la même chose mieux que soi... Alors, qu'en finalité, on est très souvent parfaitement à notre place.

Arnaud Romera, c'est la voix des sports de combat aux Jeux olympiques. De Sidney à Rio, en passant par Pékin, Londres et Athènes. C'est la voix des titres olympiques de Teddy Riner ou Steeve Guénot. Une expertise rare en matière de sports de combat. Et un binôme fusionnel avec son consultant, Brahim Asloum. Arnaud Romera, c'est une vision du journalisme détonante. Dans un monde où chacun cherche le chemin le plus rapide vers la lumière, lui se plaît à rester dans l'ombre. Au plus près de l'événement, oui, mais à l'abri.

En 2014-2015, il réalise un reportage à l'autre bout du monde, à Cuba. Il suit l'entraînement dans la souffrance d'un jeune boxeur à l'ambition dorée. Ce boxeur vient de se mettre en couple avec une boxeuse diplômée d'école de commerce. Ensemble, ils scellent un pacte. Un pacte sportif, mais aussi un pacte d'amour. Ils vont aller chercher ensemble un titre olympique, et devenir le premier couple déclaré à trôner au sommet de l'Olympe dans un même sport.

Arnaud Romera est au plus près de ce pacte. Il le raconte dans un reportage, martelant que l'histoire qui se joue sous ses yeux est prometteuse. Suffisamment en tout cas pour se transformer en légende.

Se doute-t-il alors que, quelques mois plus tard, il va accompagner de sa voix l'un des exploits les plus légendaires de l'olympisme français ? Au fond de lui, oui, sans doute, mais il ne vous l'avouera jamais. Rappelez-vous, le syndrome de l'imposteur…

Arnaud, il suffit que je commence à te parler de cette journée d'août 2016 pour que ça pétille. Pourquoi ?

On est le dernier jour des J.O. de Rio, dernière chance de médailles, et on est en prime time puisqu'il est 20 h ou 20 h 30 en France. C'est un carrefour de l'histoire des sports de combat, parce que de futurs époux champions olympiques le même jour, c'est du jamais vu. Ils sont champions du monde amateur un an avant et déjà, on se dit que l'histoire du couple en or peut être folle. Je suis avec Brahim Asloum qui est le dernier champion seize ans auparavant, il y a un contexte particulier autour de cette « team solide » très attachée à la France… On est tous dans un état d'excitation total ce jour-là. Et on essaie de s'en approprier une part, en étant petits acteurs de cette grande histoire. Et on est aussi complètement hors cadre du commentaire sportif, tellement on est chauvins sur cette journée.

La France et les J.O. en boxe, c'est une histoire compliquée. Tu as le sentiment en amont que c'est un peu la dernière chance de briller ?

Oui, forcément. On a onze qualifiés, ce qui est du jamais vu, génération à maturité, et après les multiples scandales en 2008 et 2012, ils arrivent avec un sentiment de revanche fou, et on sait qu'on se fera moins voler. Il y a eu beaucoup de travail sur le choix des juges, des arbitres entre 2012 et 2016. Et très souvent, c'était en défaveur de la France. On a beaucoup eu le sentiment d'être les dindons de la farce. Il y avait donc du « plus jamais ça » dans l'air. En plus, Brahim est à l'IBA, et il a été clair avant la compétition : il allait dénoncer n'importe quelle situation douteuse. Le terrain était donc favorable pour notre équipe de France. Les planètes étaient parfaitement alignées.

Si j'ai bien compris, tu as préparé les Jeux olympiques… au Brésil ?

Tout à fait ! J'étais en vacances juste avant, j'ai donc tout préparé de là-bas. J'allais à la plage jusqu'à 17 h, et puis je rentrais actualiser mes fiches. Je faisais tous les sports de combat, il fallait que je sois prêt. Plutôt pas mal comme conditions ! Et j'ai préparé au maximum en étant très rigoureux pour ne rien oublier pendant le peu de temps d'antenne que j'avais avant qu'on passe à un autre sport.

Dans quel état physique et mental tu es avant d'attaquer cette dernière journée de boxe à Rio ?

Je suis en bout de course, épuisé. On dort peu, et émotionnellement aussi, la jauge est presque vide. Les sites étaient éloignés les uns des autres, j'ai donc passé beaucoup de temps dans les transports. Quand j'arrive à la salle 2 heures avant la finale d'Estelle Mossely, je tiens grâce à la tension. Les deux finales de nos Français sont dans la même session, celle du soir. J'ai le temps de me préparer, en sachant qu'on est susceptibles de vivre des moments très très forts.

Comment vous vous préparez avec Brahim Asloum, ton consultant ?

Brahim, il prépare rien. Tout au feeling et à l'émotion. Il maîtrise tellement qu'il a juste à se laisser guider. Et moi, j'ai juste à rester à ma place et le sublimer, parce que c'est lui le champion. On attend plus que le lancement de Laurent Luyat qui est en plateau pour plonger pleinement dans ces finales.

Le programme commence par la finale d'Estelle Mossely. Où on attend clairement un titre, elle est favorite...

Elle est favorite, oui, mais le contexte du combat fait qu'on a eu peur qu'elle se fasse voler. Ça se passe en trois rounds, elle domine largement, mais on voit que les juges donnent le deuxième round à la Chinoise. On en vient à devenir parano, parce que ça n'a aucun sens cette égalité. Et le résultat du dernier round, c'est à la fin du combat, quand ça lève le drapeau. Heureusement, c'est le bon drapeau qui se lève, et là Brahim explose tellement il a craint que l'histoire se répète et qu'Estelle soit volée. C'est un énorme « Enfin ! » et la journée est déjà réussie. Mais elle n'est pas finie pour autant...

Tout à fait, parce qu'il reste la finale de Tony Yoka dans la catégorie reine en plus !

Exactement, même s'il y a des étapes avant. Nous, on est tellement excités que même avec le retour plateau, l'adrénaline ne redescend pas. Je viens de

LE BOX OFFICE

LE LIVRE DE LA JUNGLE
SORTI LE 13 AVRIL 2016

CAPTAIN AMERICA: CIVIL WAR
SORTI LE 27 AVRIL 2016

RETOUR CHEZ MA MÈRE
SORTI LE 1ER JUIN 2016

CONJURING 2 : LE CAS ENFIELD
SORTI LE 29 JUIN 2016

SUICIDE SQUAD
SORTI LE 3 AOÛT 2016

« J'aime bien les films français. J'avais adoré *La Promesse de l'aube* avec Pierre Niney et Charlotte Gainsbourg, et je suis un fan de ce que fait Nicolas Bedos. Et j'adore les musiques de film, comme celles que produit Yann Tiersen. »

courir pour faire l'interview en zone mixte avec Estelle. Elle est contente, mais pas encore libérée parce qu'on attend tous la victoire de Tony pour que la fête soit totale. Estelle n'est pas complètement comblée encore, c'est paradoxal. C'est un projet à deux de décrocher deux médailles d'or. Ensuite, il y a son podium. Et nous, on fait monter la sauce en se détachant complètement des codes du journalisme. On est des supporters, et à la limite, c'est pas génial. Mais c'était aussi notre moment, et on voulait le savourer au maximum.

Et donc arrive cette deuxième finale, avec un Français... Blessé ?

Oui, il s'est déjà un peu blessé lors de la demi-finale, et on voit qu'il peut pas hyper bien se déplacer. Ça veut dire que c'est pas du *fake*, et qu'il n'a pas anticipé une excuse au cas où il viendrait à perdre. Il va devoir accepter l'épreuve de force, alors que c'est pas forcément son point fort. On a peur qu'il se fasse avoir. Il avait une pression énorme parce qu'en demi-finale, il sort son principal rival. Ça veut dire qu'il est grand favori et que tout autre résultat qu'une victoire serait considéré comme un échec. Et, en plus, il y a la pression de suivre les pas d'Estelle qui a rempli sa mission juste avant. Donc, oui, la pression est maximale sur Tony dont le combat est, je le rappelle, en prime time le dernier jour des J.O. !

Et nous, pendant le combat, on voit et on commente QUE Tony Yoka. On perd toute notre neutralité journalistique.

On sent que vous montez en intensité progressivement dans ce combat.

Oui, parce qu'il ne fait pas forcément une belle finale. Mais nous, comme on est partisans, on ne voit presque même pas les coups de l'autre. C'est fou. On a tellement envie qu'il gagne que bon... dans l'émotion, on en oublie tout le reste. On le voit devant, même avec le peu d'engagements qu'il y a dans cette finale.

LA PLAYLIST POUR ENTRER SUR LE RING

« CHECK »
MIKE WILL MADE-IT, NAS, RICK ROSS

« GENESIS »
J.U.S.T.I.C.E

« I ADMIT IT »
ZHU

« POWER »
KANYE WEST

« HELLS BELLS »
AC/DC

« JUMP AROUND »
HOUSE OF PAIN

« GOD'S PLAN »
DRAKE

« SWEET CAROLINE »
NEIL DIAMOND

« ZOO »
KAARIS

« THE MANTRA »
MIKE WILL MADE IT FEAT. PHARRELL WILLIAMS & KENDRICK LAMAR

« Pour écrire mes reportages, j'ai besoin de musique nostalgique. Après, quand je sors, c'est soleil, Brésil, quoi, ça tombe bien ! La pop, j'aime pas... À part Coldplay ! »

On est nerveux. Mais on attend quand même le résultat. Et on n'a pas forcément les changements de rythme pour monter dans les tours. C'est tactique, statique. Il y a une tension folle !

Au moment où l'arbitre va désigner le vainqueur, tu sais au fond de toi qu'il a gagné ?

Oui, j'ai pas trop de doute. Les deux premiers rounds sont donnés à Tony, ça, on le sait. L'Anglais doit faire un exploit pour passer devant, qu'il ne fait pas, donc on sait qu'il a gagné. Mais, tu vois, après avoir revu la finale, j'ai constaté qu'on a pris énormément de risques en étant complètement partiaux. Parce que ça se joue vraiment à peu de chose. D'ailleurs, le camp anglais a longtemps protesté contre l'issue de cette finale. Je n'irais pas jusqu'à dire que je les comprends, mais c'est une finale beaucoup plus serrée qu'il n'y paraît. Mais on était tellement habités que ça ne pouvait pas échapper à Tony. Impossible.

Et donc, tu as préparé ce que tu allais dire en cas de victoire de Tony ? C'est écrit sur ta fiche par exemple ?

Non. Je l'ai fait pour le judo en 2012, mais pas cette fois-là. Y a trop d'émotion. Et jusqu'au bout, on a peur. Tony aussi d'ailleurs. Et quand son bras est levé, alors là, tout y passe : les cris, le couple en or, tout. Brahim est en larmes, il est obligé de faire une pause parce qu'il ne peut plus commenter. Il s'est tellement impliqué pour les intérêts français qu'il a complètement craqué. Il pleurait, c'était magnifique.

A posteriori, *tu es content de la manière dont tu nous as fait vivre ce moment ?*

Au niveau du commentaire, non. Mais je le sais. Je suis un reporter, pas un commentateur. Je commente tous les quatre ans. Je ne sais pas trop faire, monter, jouer avec la voix, etc. Au-delà d'une faiblesse, c'est presque un complexe pour moi. J'essaie de le bosser, mais je pratique pas assez. Je parle trop vite, je laisse trop la place à l'émotion.

Je connais très bien mon sport, mais j'aime pas ma voix. J'ai pas la voix de Patrick Montel ou Matthieu Lartot, quoi ! Je suis donc content de l'émotion qui passe, mais pas de la technique.

Quand on commente la boxe sur le service public, il y a aussi une part de pédagogie. Comment vous avez travaillé cet aspect ?

C'était plutôt la partie de Brahim. Expliquer le placement du corps, détailler les termes comme le crochet, le jab ou la garde. Il est excellent là-dessus, Brahim. Sur un temps faible, je posais donc les questions, et lui déroulait. C'est le rôle pur et dur du consultant. Moi, encore une fois, je savais que mon rôle était de lui laisser un maximum d'espace pour qu'il puisse s'exprimer et se lâcher. J'étais le passeur de plat. On a réussi à trouver notre rythme comme ça, et on a réussi à se compléter.

Parle-moi de Brahim justement. Comment vous avez travaillé votre relationnel sur cette compétition ?

Je le connais depuis qu'il a 17 ans. J'ai suivi toute sa carrière, je commente sa finale olympique... On a des liens d'amitié forts. Et du fait de ses différentes expériences médiatiques, je peux assurer qu'il n'y a pas de meilleur consultant boxe que Brahim Asloum en France. J'ai une confiance totale en lui. On n'est pas dans une guéguerre d'ego. Il arrive pour Pékin 2008 en remplacement de dernière minute... d'Alain Delon. Son contrat avec Canal + vient de prendre fin, il est champion du monde, on lui fait donc un appel du pied. Et il vient gratos, alors que son contrat Canal était énorme et qu'il était drivé par Jean-Luc Delarue, alors au sommet de sa gloire.

Quel est votre rapport hors antenne ?

On se voit souvent. On se fait des restos, on échange beaucoup, on se retrouve en soirée aussi. À Rio, je peux te dire qu'on a bien fêté les titres d'Estelle et de Tony (rires). Tous les boxeurs étaient K.O. pendant la soirée organisée par Sebastien Acaries. Y avait que nous, gens de médias. Et c'était l'éclate.

Plus généralement, toi qui ne te considères pas comme un commentateur à part entière, comment vois-tu ce job ?

Je vois ce job bouger à fond avec le digital. Qui regarde la télé aujourd'hui ? Mes enfants sont vissés sur les réseaux sociaux et ils regardent les contenus là-dessus. Le digital a tout changé, et je trouve que les médias traditionnels tardent un peu à prendre ce virage. Les forums, les pages spécialisées... Ils sont en train de mettre une claque aux vieux formats. C'est la manière dont tu mets en spectacle le fait sportif qui compte. La compétence pure passe au second plan à la télé, je trouve, et c'est assez risqué parce que les contenus digitaux spécialisés sont en train de passer devant. Regarde, quand on voit le Président de la République donner des interviews à des YouTubeurs, ça montre que le modèle est en train de changer, et qu'il faut le prendre, ce virage.

Pour finir, toi qui es à l'antithèse de ce que peut rechercher un commentateur, ça t'évoque quoi d'avoir un moment d'antenne comme ces deux finales de Rio 2016 rentré dans la légende ?

Je dirais égoïstement que ça fait évidemment plaisir. C'est génial d'être associé à ce moment-là. Après, j'ai un peu le syndrome de l'imposteur, parce que j'en viens à me demander comment c'est possible de me retrouver là. J'ai pas volé ma place, mais je sais ce que je suis. Un témoin d'un moment d'histoire du sport.

Il en reste quoi comme trace pour toi, de ce moment ?

Comme je te disais, on m'a reparlé de la finale de Yoka sur le côté chauvin. Et effectivement, si c'était à refaire, je n'irais pas aussi loin. Mais il y a aussi ces gens qui étaient dans le même état d'esprit que nous, et qui m'ont remercié pour le moment. Je te donne un exemple : on est dans le taxi avec Brahim pour rejoindre le plateau de France TV à Rio, après les podiums. Le téléphone de Brahim sonne. C'était la Présidence de la République. On avait le président Hollande au téléphone dans le taxi à Rio qui nous félicitait pour le moment de télé qu'il avait passé. Il avait pris beaucoup de plaisir, il avait aimé nos commentaires, et il voulait nous inviter à l'Élysée avec les athlètes.

Tout était parfait, parce que l'histoire de ce couple en or, j'en parlais depuis plus d'un an à tout le monde. Et vu comment ça se termine... Oui, je suis très fier de tout ça.

DANS L'ACTU : UN JUILLET DE CAUCHEMARS

Il est de ces périodes où le sourire s'absente. Pour laisser la place à l'angoisse, la colère et la tristesse. Ce mois de juillet 2016 en est l'illustration. Alors que l'Euro, qui débouche sur la victoire des Portugais sur nos Bleus, vient de s'achever sans heurts, c'est pendant les festivités du 14 juillet qu'un fou de dieu décide de semer la mort sur la promenade des Anglais à Nice. Plus de 80 morts, et une ville à jamais marquée par l'horreur. Le 19 juillet, c'est le début de l'affaire Adama

Traoré. Nouvelle fracture dans une société où les ressentis s'expriment de manière toujours plus décomplexée. Ce mois noir s'achève avec un nouveau drame. Le 26 juillet, le père Jacques Hamel est lâchement assassiné à Saint-Étienne-du-Rouvray. Un traumatisme de plus dans une période où on n'aura jamais autant dit « plus jamais ça ».

« Il y avait une grosse tension en France à cause du contexte récent. J'ai vu le Corcovado tricolore le 14 juillet, et ça m'a bouleversé. Et cette équipe de France de boxe, c'est la meilleure réponse du fait de sa mixité. »

A. ROMERA

LES AUTRES SPORTS

Cette année 2016, c'est l'année des champions. Ceux qui incarnent, qui portent leur sport, et qui, de toute façon, ont préparé leur place au panthéon de leur art.

C'est Usain Bolt, de nouveau champion olympique sur 100 et 200 mètres. Un météore.

C'est Martin Fourcade qui remporte tous les globes, petits et grands.

C'est LeBron James, qui porte Cleveland vers le premier titre NBA de son histoire (*«Cleveland, this is for you!»*).

C'est Antoine Griezmann, stratosphérique pendant l'Euro 2016 avec 6 buts, dont 2 en demi-finale face à l'Allemagne, et ce malgré l'échec sur la dernière marche face au Portugal.

Enfin, c'est le 6 juin qu'on dit adieu au « *Greatest* ». À Scottsdale dans l'Arizona, Mohamed Ali rejoint le paradis après un combat d'un courage infini contre la maladie de Parkinson. À jamais le plus grand.

« J'aime les finales, les grands tournois,
les coupes du monde et les grands matchs.
J'ai perdu le côté acharné en commentant toute
la journée les cours annexes de Roland-Garros.
Une horreur ! (Rires.) »

A. ROMERA

CHAPITRE 14

LE COMMENTAIRE VU PAR...

GEORGE EDDY

Démocratiser un sport peut se faire de différentes façons, et peu importe le degré d'implantation du sport en question. Les équipes de France de hand ou de volley, des garçons comme Teddy Riner ou David Douillet et des filles comme Laure Manaudou ou Amélie Mauresmo ont fait le job. Ils ont tous réussi à incarner leur sport au-delà de ses frontières, au point de susciter des envies, des vocations. Ça, c'est pour le premier chemin. Le second, c'est lorsqu'une personnalité médiatique prend suffisamment de place et d'espace pour devenir l'incarnation de son sport. La fameuse « voix du... ». Et puis, il y a George Eddy. Oui, le basket existe en France avant l'arrivée de George comme joueur dans les années 1970. Mais quel est son impact médiatique ?

George Eddy, c'est le consultant 2.0, alors que la version 1.0 commence à peine à trouver une place. La fusion entre le journaliste et le sportif de haut niveau. D'où la longévité. Ce n'est pas qu'un accent venant de sa Caroline du Nord natale. Ce n'est pas qu'une succession de phrases restées dans les mémoires de ceux qui ont découvert et aimé le basket en suivant la voix de George. George, c'est la NBA à la sauce française. C'est aussi le mentor, ou du moins l'accompagnateur, de toute une génération de commentateurs. Ceux qui mettent en relief presque tous les grands moments de sport que nous avons le bonheur de vivre aujourd'hui.

Sa vision du métier de commentateur, ses astuces, ses techniques, ses anecdotes traversent quatre décennies auprès des plus grands joueurs du monde. Vous allez le découvrir ici. Et ça, c'est précieux, comme tout ce qui est rare. Embarquons donc pour un voyage de près de quarante ans auprès du plus mythique commentateur basket de France. Lui, l'Américain.

George, d'aussi loin que remontent vos souvenirs, l'accompagnement d'une action par une voix vous ramène à quel moment ? Où ?

Vers l'âge de 6 ans, je crois que j'ai commencé à regarder les Harlem Globetrotters chez des voisins. Et après, avec ces mêmes voisins, j'ai découvert la NBA. Mon enfance a été bercée par les voix des commentateurs américains de foot américain, de baseball et de basket. Je me souviens qu'aux USA, chaque commentateur a son style. Moi je préférais certains par rapport à d'autres bien sûr. Le grand commentateur des Lakers de Los Angeles, Chick

Hearn, a par exemple inventé beaucoup d'expressions liées au basket : « *coast to coast* », « *slam dunk* »... Ça, ce sont des expressions que j'ai ramenées avec moi et que j'ai utilisées dès que j'ai commencé à Canal.

Quand vous arrivez en France, quelles différences vous constatez par rapport au métier ?

Déjà, aux USA, le fait d'avoir un consultant avec le journaliste, c'est quelque chose qui existe depuis le début des retransmissions, qu'elles soient à la radio ou à la télé. Eux, ils ont toujours cette idée de mettre un journaliste pro avec une belle voix qui décrit bien l'action à côté d'un ancien champion à forte crédibilité qui a vécu tous ces grands moments. Et qui est donc le mieux placé pour décrire les ressentis, les émotions, etc. Quand je suis arrivé en France, j'ai été un peu surpris de voir qu'il n'y a que des journalistes, et multisports.

C'est-à-dire qu'avec 20 ou 30 ans de retard sur les États-Unis, on tâtonne encore ?

Oui. Et même par rapport à ce côté technique, c'est même pas du tâtonnement, c'est inexistant. Puis, des gens comme Albaladejo vont commencer à installer ça en France, mais avec des décennies de retard sur les USA. Et après, avec l'arrivée de Canal +, on va grignoter, puis rattraper tout le retard.

Quelle est la démarche des patrons de Canal pour venir vous chercher en 1984 ?

Au tout début, ce n'est pas eux qui sont venus me chercher, c'est moi qui ai proposé mes services. J'étais dans les premiers abonnés de la chaîne, et j'ai vu qu'ils allaient diffuser les sports US, et notamment la NBA. Ça a fait tilt dans ma tête. Quand Canal a acheté les droits, Charles Biétry, qui dirigeait à l'époque, cherchait un joueur pour être consultant. Il a fait un peu le tour de tout le monde, et personne n'a été retenu.

Et donc, à deux semaines du premier match, Biétry m'appelle et me dit : « Bon, j'ai fait le tour, mais j'ai pas trouvé de meilleur candidat que toi. On va faire le premier match ensemble, et si ça marche on fera le deuxième, etc. »

Quelles sont les consignes à vos débuts ?

Charles Biétry découvrait comme moi la télé à ce moment-là, il arrivait de l'AFP. On devait tous les deux apprendre à se lâcher. Sur le premier match, on est assez figés. C'était une première crêpe ratée, quoi ! Mais la bonne nouvelle, c'est qu'après le match, le patron de Canal, Pierre Lescure, appelle Biétry et lui dit : « On va continuer avec le Franco-Américain, parce qu'il a l'air de bien maîtriser le sujet, et je pense qu'on peut le faire progresser rapidement. »

Pour que ceux qui nous lisent puissent comprendre, il faut expliquer qu'il n'y a pas de direct au début.

Eh oui, et puisque c'est moi qui reçois et monte les matchs avant de commenter, je les voyais au moins cinq fois avant. Et c'est là où il faut être à moitié comédien et à moitié journaliste, parce qu'il faut faire semblant de ne pas connaître le résultat et de ne pas savoir les actions qui vont se produire. Commenter comme si on découvrait.

Et c'est donc à cette période-là que vous prenez confiance en vous et en votre potentiel...

Ah oui, ça, c'est dès le début. J'ai appris le métier avec des gens comme Charles Biétry, Michel Denisot, Pierre Lescure, Philippe Gildas. J'ai tout appris avec eux, et j'ai tout absorbé comme une éponge. J'ai commencé à comprendre les mécanismes du commentaire. À partir de 1992 et des jeux de Barcelone, là, j'ai senti que j'avais le droit de plus en plus me lâcher, de faire des jeux de mots, de l'humour, plus d'éclats de voix... Parce qu'avec Biétry, c'était plutôt rigueur, préparation, carré.

Vous arrivez à un moment où il y a en NBA la star des stars. À quel point ça aide et à quel point on s'appuie dessus quand on a quelqu'un

comme Michael Jordan dans la compétition qu'on essaie d'installer ?

Ça a tout changé. Quand on arrive, nous, c'est plutôt Magic Johnson et Larry Bird, et les Lakers contre Boston. Puis Detroit. MJ monte en puissance, mais de 1984 à 1991, il ne gagne pas de titre. Son summum commence lors de son premier titre en 1991, et c'est là que nous, pour la première fois, on fait le déplacement aux États-Unis pour commenter les finales en direct. Lakers contre Bulls, passation de pouvoir entre Magic et MJ, parfait. Après, Jordan enchaîne trois titres, deux ans de retraite, et encore trois titres. Et donc forcément, la NBA sur Canal monte en puissance en même temps.

Vous êtes la passerelle entre le public français et Michael Jordan…

Totalement. C'est moi qui ai fait ses interviews en France, c'est moi qui anime les événements où il est présent avec Nike à Paris. Oui, j'étais un peu la courroie de transmission entre le public français et Jordan, et c'est comme ça qu'on me voit aussi. Son aura a rejailli sur moi, et j'en ai profité, il faut le reconnaître !

Vous parliez du moment où vous avez pris confiance en vous au commentaire, et où votre

personnalité s'est affirmée. Est-ce que ça se travaille, et si oui comment ?

Déjà, la base, c'est d'avoir à portée de main toutes les infos dont on a besoin sur le match et les joueurs. Après, chacun a sa façon de faire rejaillir ce qu'il est dans le commentaire. L'expérience nous apprend par exemple à parler moins. Laisser parler l'image et ne parler que quand on a vraiment quelque chose de pertinent à dire. Tout est dans le dosage. Il peut aussi y avoir des moments où j'en ai trop fait, où j'ai lâché des jurons à l'antenne quand l'équipe de France était encore en train de perdre un match important, etc. Le France-Grèce de 2005, par exemple, m'a rendu fou.

Et c'est ça aussi qui est génial. Les gens vous aiment aussi pour ça. Mais quand on part en vrille, il faut savoir revenir aussi. Et ça, c'est une force en plus ?

Oui, tout à fait. Et on le réussit plus ou moins selon les événements. La base, c'est d'être informatif, enthousiaste. Là, on a la chance d'être dans un truc qui n'est pas si important que ça, qui donne de la joie et du divertissement. J'ai toujours gardé ça en tête. Et j'ai aussi gardé à l'esprit qu'il fallait vendre ces matchs de basket à un public français qui ne connaissait pas. Journaliste, mais un peu vendeur quand même.

Les stars NBA, l'éclosion de l'équipe de France... il y a aussi une part de chance dans tout ça, non ?

Oui, et quelque part on pourrait peut-être retourner le truc et dire qu'on a participé à cette montée en puissance. Toute la génération Parker dit toujours : « Nous avons été nourris aux matchs sur Canal quand on avait 10 ans. » Ils nous l'ont dit à nous, ils l'ont affirmé publiquement aussi. Je pense que toutes les générations depuis 1985 ont été affectées par le fait d'avoir ces matchs à disposition. Ça les a inspirés, et ça leur a donné envie de faire partie de ce monde merveilleux de la NBA, où on est bien payé, où on joue dans des salles de 20 000 places avec le plus gros contrat télé au monde pour le basket.

On a eu la chance que Tony Parker fasse une aussi grosse carrière, ce qui n'était pas forcément prévu. Et nous, on était là au bon moment, et en même temps, on a notre rôle dans cette ascension.

Quelle est votre routine de préparation, George ?

Disons que... Si on est sur une finale, on sait qu'il va y avoir énormément de gens devant la télé. On se met encore plus de pression pour être au top. Il y a une différence quand on commente en cabine, forcément. Là, la préparation se fait uniquement en s'informant par Internet, j'essaie donc de ne rater aucune info concernant les joueurs ou les équipes que je vais commenter. Sur place, on peut parler avec les joueurs ou le coach avant le match, aller à la conférence de presse, échanger avec l'entourage pour avoir des ressentis sur l'atmosphère dans le groupe. Puis, évidemment, lire la presse, aujourd'hui les réseaux sociaux, tout ce qui peut être pertinent. On doit faire le tri entre le vrai et le faux. C'est comme ça que je décris mon job. Avant c'était plus expliquer, faire découvrir. Maintenant, tout le monde est au courant de tout, comme nous. On a les mêmes sources. C'est donc pas la peine d'insister sur des stats ou autre.

Pendant le match, je me concentre sur l'aspect tactique et technique, le duel entre l'attaque et le défenseur, et le rôle du coach. Essayer d'anticiper ce que le coach va faire, etc.

Parlons des punchlines. Comment les dosez-vous ? Vous êtes d'ailleurs le seul commentateur français à avoir fait rentrer dans la légende des onomatopées comme les « Bam bam bam bam ».

(Rires.) Ah ouais ! Pour ça, je me suis inspiré de John Madden, qui était le plus grand commentateur de foot américain. Il faisait ça : « Badaboum boum boum boum ! » par rapport aux chocs...

À quel moment on arrive à s'arrêter pour éviter de tomber dans sa propre caricature ?

Il y a beaucoup de gens qui m'ont critiqué là-dessus. Et j'ai pris ces critiques à cœur, j'ai essayé de mieux doser. Mais le problème vient du fait de commenter beaucoup de matchs. Ça veut dire qu'on va entendre du « badaboum » assez souvent, « blockorama », « haute altitude ». Aujourd'hui je les utilise un peu moins, peut-être une ou deux fois par match. Mais peut-être qu'à une époque, j'en abusais, et des gens qui me voyaient souvent en avaient un peu marre, mais c'est un risque.

On a eu des exemples dans l'histoire de duos qui ne fonctionnaient pas si bien que ça. Et ce qui ressort souvent, c'est cette notion d'échange permanent, où chacun se bonifie mutuellement. Vous en pensez quoi ?

C'est primordial. Il faut s'adapter à chaque co-commentateur, et ça, je le faisais consciemment. Par exemple, sur le foot américain, je commentais avec Philippe Chatenay. Il connaissait très bien le sport, mais il était un peu dans le même registre que moi au niveau de l'enthousiasme permanent, sur les « Touchdoooown » par exemple. Quand je commentais avec lui, je lui laissais ça et j'étais plus sobre, moins « olé olé ». Tandis qu'avec Lionel Buton, je reprenais ce rôle de mec enthousiaste qui gueulait quand il y avait de belles actions. Et c'est pareil avec Cozette. Beaucoup d'énergie dans son commentaire, donc si je me mettais sur la même fréquence, ça serait devenu lassant pour les gens.

Ça nécessite d'être potes pour former un bon duo ?

Quand même, oui. Bon, j'ai pas eu la même relation avec chacun, mais disons que c'est encore une fois une question de feeling et d'adaptation dans le but de satisfaire le téléspectateur avant tout. Mais, avec chacun, il y a quand même eu une vraie amitié qui s'est installée. Après, ça s'étiole, comme toutes les relations professionnelles. Mais il y a un truc dont je suis fier, c'est qu'il n'y a jamais eu de lutte d'ego pour savoir qui allait parler le plus, ou qui allait être la « vedette » du tandem. Ça, c'est vraiment un truc qui m'intéresse pas.

Vous pensez donc que l'ego est le pire ennemi du commentateur ? Et le fait de se mettre à une place dans l'événement qui n'est pas la sienne ?

Bien sûr, il y a eu des moments dans ma carrière où on m'a fait des croche-pattes, et là le gentil que j'ai toujours été se rebiffait pour ne pas qu'on détruise sa carrière. Moi, l'une de mes plus grandes fiertés, c'est de ne pas avoir connu de grandes engueulades. S'il fallait que je m'efface un peu pour laisser plus de place, ça ne m'a jamais dérangé parce que l'objectif, c'est la satisfaction de l'abonné et de garder une bonne relation dans l'équipe.

Et quand on devient un commentateur confirmé, on sait dire merci à ceux qui nous ont tendu la main à un moment donné à votre avis ?

Si je prends l'exemple de Margotton, oui. C'était un petit jeu d'ailleurs. Quand il est parti pour TF1, je m'amusais à dire que je lui avais tout appris, etc. Alors qu'évidemment Grégoire Margotton n'a pas eu besoin de moi pour bien commenter le foot. C'était pour rire. Mais on s'envoie souvent des messages sur les réseaux sociaux pour se rappeler des souvenirs de commentaires de basket en 1996, etc. Lui est très reconnaissant.

Comment vous voyez le métier de commentateur aujourd'hui avec la place de la data, la préparation éventuelle des punchlines, la place laissée à la spontanéité ?

Déjà, je dirais que c'est difficile de préparer les coups à l'avance. Il faut avoir tout en magasin et il faut que ça sorte au bon moment. Sauf que, quand on prépare bien, il y a 80 % de ce qu'on a préparé qui ne passe pas à l'antenne.

Les stats, je pense que c'est l'illustration de ce que devient notre société. Les datas, les algorithmes sont partout et prennent trop de place. Maintenant, la NBA, on peut regarder tous les matchs toute la journée, et ça devient banal, c'est moins un événement. Avant, quand on avait qu'un match ou deux par semaine sur Canal, c'était un événement, c'était rare.

Ce rapport au public, vous l'avez créé sur la durée et il semble puissant…

Oui, tout à fait, ça a toujours été le but. Ce sont les abonnés qui ont payé mon salaire. Le but a toujours été de les satisfaire. Et franchement, c'est presque tous les jours qu'on me dit : « J'ai grandi avec vous », etc. Là, on se dit qu'on n'a pas trop raté sa carrière.

Vous pouvez justement partager quelques moments de votre légende, selon votre point de vue ? Que ce soit à l'antenne ou même hors antenne ?

Je dirais par exemple le dernier panier de Jordan en 1998 contre Utah. Avec Bruno Poulain, on a été très justes dans l'enchaînement. Il intercepte en défense d'abord, avant d'aller finir l'action, et c'était représentatif de tout ce qu'il savait faire. Et c'était le point culminant de sa carrière puisqu'après, il part à la retraite.

Après il y a bien sûr le dunk de Carter sur Weiss, parce que plus de 20 ans après, on ressort le commentaire quand c'est la date anniversaire. Aux États-

Unis, ils ont même passé ma version, même s'ils ne comprenaient pas le français.

Quelle trace souhaitez-vous laisser de votre passage dans le métier ? Même si ce n'est pas encore fini, bien sûr…

Pas de souci, j'ai déjà eu droit à plusieurs funérailles dans le métier (rires) ! J'ai essayé de véhiculer de bonnes valeurs humaines à travers le commentaire sportif. Ça vient de mon père qui a bossé avec Martin Luther King aux États-Unis, je baignais dans une famille avec deux parents handicapés qui étaient très impliqués dans les associations pour les défavorisés et pour les droits civiques des noirs dans les années 1960. On m'a souvent dit que je plaçais souvent le mot « altruisme ». Pour moi, le sport est représentatif de la vie et c'est quand c'est vécu ensemble que c'est vraiment réjouissant.

Terminons sur une petite parenthèse concernant Victor Wembanyama. On sent que vous êtes enthousiaste.

J'espère, pour être honnête, tenir encore deux ans sur Canal + Afrique et finir ma carrière sur le tournoi de basket des J.O. 2024 sur Europe 1. Comme ça, je commenterai la finale et la médaille d'or de Victor Wembanyama aux J.O. de Paris (rires).

CHAPITRE 15

« ALORS, PEUT-ÊTRE… »

PATRICK MONTEL

17 août 2014. Stade du Letzigrund (Zurich)

Finale 4 x 400 m femmes des Championnats d'Europe d'athlétisme

France (1), Ukraine (2), Grande-Bretagne (3)

« Je n'ai jamais vu ça. » C'est par ces mots que Patrick Montel termine son monologue alors que Floria Gueï vient de franchir la ligne, coiffant tout le monde sur le poteau dans ce relais 4 x 400 m sous le soleil de Zurich.

C'est l'expérience qui ouvre le chemin vers une potentielle erreur, mais c'est aussi l'expérience qui permet de ramener le commentaire au niveau du moment exceptionnel qu'on est en train de vivre.

Et ce qui aurait pu être une erreur se transforme alors en coup de génie.

Patrick Montel, c'est l'un des journalistes sportifs les plus expérimentés de la télévision. Trente-trois ans de carrière sur France Télévisions. Et 90 % d'athlétisme. Des courses, il en a connu des milliers. Des stars, il en a sublimé des dizaines pour le public français.

De Carl Lewis à Michael Johnson en passant par Usain Bolt, Marie-José Pérec, Christine Arron ou Stéphane Diagana (et j'en oublie), Patrick les a tous vus passer. Il les a tous commentés.

L'art du rebond grâce à l'expérience. C'est de cette notion qu'il va être beaucoup question avec Patrick Montel.

Voyage vers l'une des plus folles dernières lignes droites de l'histoire du sport français que nous allons effectuer avec Patrick, qu'il est temps de retrouver dans le XXe arrondissement de la capitale. Le rendez-vous est pris dans un bar d'angle de rue. La musique est forte, le Coca est frais comme la température qui nous oblige à garder nos vestes. Et il va suffire de commencer à évoquer ce 4 x 400 m mythique pour que le ton change, et pour que l'œil brille. Et ce, avant même que le micro s'allume...

Patrick, merci beaucoup de vous prêter à ce jeu qui n'est pas si simple, celui de revenir, de réanalyser des années après vos propres mots. Ce n'est pas forcément habituel, et on va faire ce voyage ensemble. Quelles émotions vous remontent à l'évocation de ce jour d'août 2014 ?

Je dirais que ça fait partie de la vie, de ce qu'on ressent. Ce sont des paroles cash. Ça vient du cœur, ça vient du ventre, ça vient des tripes. Et je pense que, pour Floria, c'est ce qu'il s'est passé. Elle a mis en musique ce que chacun peut rêver dans sa vie. Surmonter les obstacles au prix d'un effort absolument inouï pour les autres, pour l'équipe et pas seulement pour elle, réaliser l'impossible.

Patrick, au moment où Floria Gueï franchit la ligne d'arrivée, vous dites : « Je n'ai jamais vu ça... »

Exactement, je n'ai jamais vu ça, parce que l'athlétisme, c'est un sport de chrono. Un sport très rigoureux qui laisse finalement assez peu de place au hasard. Quand je vois ce qui se passe, et au début, je n'y crois pas du tout, je me dis : « J'ai jamais vu ça. » Parce qu'elle peut la recourir cent fois, la course, cent fois elle la perdra. Et ce jour-là, dans un état de sublimation, de grâce totale, elle a réussi ce que l'athlétisme ne permet pas.

Quand on a autant d'expérience et autant de vécu sur de grands championnats, est-ce que la routine de préparation est toujours la même, Patrick ?

Moi, c'est simple, je n'ai jamais eu de méthode de préparation. Je ne prépare rien. J'ai commencé avec des fiches et tout ça quand je n'étais pas sûr de moi, quand je voulais essayer de copier Thierry Roland ou des gens comme ça que j'ai eu la chance de côtoyer. Mais j'ai toujours privilégié la spontanéité. Et ce que les gens ont reconnu en moi – en dehors de tous mes défauts qui sont nombreux –, c'est justement d'être vrai dans la façon de commenter parce qu'il n'y a pas de préparation. Je ne sais jamais ce que je vais dire à l'avance.

C'est-à-dire que, pour être tout à fait concret, vous arrivez sur les lieux du championnat en question...

Je vois de la lumière, je rentre (rires). Je vois des mecs sur le stade, je me dis : « C'est bon, je me suis pas gouré d'adresse », et une fois qu'ils quittent les starts, c'est parti !

Revenons maintenant à ce fameux 4 x 400 m, Patrick. On va surtout cibler le quatrième et dernier relais, celui de Floria Gueï. Dès le passage de relais, ça se passe pas très bien pour elle...

Elle est prise dans le trafic comme on est pris dans la vie. Dans la vie, on voudrait aller tout droit, et puis on ne peut pas parce qu'on a des problèmes à droite à gauche, il y a des choses et des gens qui interfèrent, comme tes collègues ou ton patron.

Ce qui fait que tu ne peux pas prendre la ligne droite, et que même si tu pars en retard... eh bien tu vas encore plus l'accentuer. Et ça, c'est terrible parce que tu prends un coup sur la tronche d'entrée de jeu dans la vie, et tu te dis : « Merde, je vais jamais y arriver parce qu'on me met des bâtons dans les roues. » Parce qu'à ce moment-là, t'as les jambes et l'envie d'y aller. Mais il y a des éléments périphériques qui viennent te perturber. Et c'est exactement ce qui se passe au début de ce relais avec Floria Gueï.

Et quand on est au commentaire de ce moment-là, sachant le contexte dont on a parlé autour de la course, qu'est-ce qu'on se dit ?

Je me dis qu'elle n'a pas de chance... Je sais qu'elle veut bien faire, que les filles avant ont donné tout ce qu'elles avaient, mais le problème, c'est que les meilleures sont déjà devant. Sauf que t'as pas le droit de dire ça ! Si tu dis que c'est mission impossible, tu dis aux gens qu'il vaut mieux zapper et aller sur une autre chaîne. Et tu sais que ça, c'est une faute professionnelle. Donc tu te tais tout en sachant que c'est fini. C'est dans ces moments-là que le consultant a son importance, parce que lui va amortir le choc. Et ce qui est extraordinaire, c'est qu'on m'a beaucoup reproché de dire : « Ah, mais là, on ne revient pas ! », etc. Stéphane dit exactement la même chose, sauf qu'on lui accorde un crédit qu'on ne m'accorde pas à moi, parce qu'il est champion du monde et moi je suis champion du monde de rien du tout.

Donc la course se passe, et Floria commence à produire son effort au moment où la Britannique commence à baisser en rythme. À ce moment-là, on est autour des 250 mètres sur les 400...

LE BOX OFFICE DES FILMS DE SPORT

RASTA ROCKETT
SORTI EN 1993

MILLION DOLLAR BABY
SORTI EN 2004

THE WRESTLER
SORTI EN 2008

LE GRAND BAIN
SORTI EN 2018

INVICTUS
SORTI EN 2005

« Je suis rockeur et cinéphile. Je pense donc à *Raging Bull* ou à *Plus dure sera la chute*. »

Oui, c'est à ce moment précis que Stéphane commence à émettre l'hypothèse d'un retour. Et, effectivement, je vois moi aussi que Floria revient. Et je me dis qu'il y a peut-être une possibilité de podium. Et c'est là que je sors ce fameux : « Alors, peut-être... »

Je ne sais pas si on vous a déjà posé la question comme ça, mais ce « Alors, peut-être... », il veut dire quoi ? Alors peut-être... troisième ? Qui y a-t-il d'induit après ce « peut-être » ?

Quand je dis : « Alors, peut-être... », ça signifie : « Alors, elle va pouvoir être ce qu'elle est en vrai ». C'est-à-dire qu'elle va pas faire de la figuration, elle va donner son maximum. À ce moment-là, je n'imagine pas une seconde qu'elle peut gagner, mais j'imagine qu'elle va être ce qu'elle est. Elle va pas être gommée du casting, elle va être présente. Mais à quelle place... à ce moment-là, j'en sais rien encore.

Et puis, elle remonte, elle remonte, elle remonte...

Elle remonte, et puis là, je vois la médaille. Et puis, après... Après ça se brouille parce qu'on n'est plus dans le domaine du rationnel, on est complètement dans l'irrationnel. Ce qu'elle fait, c'est impossible. Conjointement, elle garde le même rythme, les autres ont une foulée qui est dégradée. Et la ligne est à l'endroit précis où elle doit être. Si elle est 5 mètres avant, c'est pas bon. Elle casse, et elle passe devant sur la ligne. Et Diagana qui est un mec extraordinairement posé, rigoureux et rationnel dit : « Mais moi, je suis prêt à donner de l'argent pour ça, pour lui bâtir une statue. » On est dans le rêve éveillé.

Est-ce qu'un commentateur moins chevronné n'en serait pas resté bouche bée ?

Ça, c'est évident. Si j'avais commenté ça au début de ma carrière, ça aurait été une catastrophe. J'aurais été tellement bouleversé par l'émotion qu'aucun mot ne serait sorti, ça, c'est sûr !

À quel moment vous comprenez que ce « Alors, peut-être... » va vous échapper au point d'apparaître sur des tee-shirts ? À quel moment

vous vous apercevez que ce bout de phrase va rester dans la tête des gens ?

C'est bien après, quand on me le dit dans la rue. Il y a toujours un effet retard dans le timing qui est dû à l'accumulation des vues. Les gens s'approprient eux-mêmes la course en la revoyant sur les réseaux sociaux. Que ce soit une connerie ou quelque chose de bien, l'appropriation est totale. Et en fait, ça se fait pas tout de suite. Il y a des semaines et des semaines qui passent, et avec les vues cumulées, ça devient assez viral, ce « Alors, peut-être... ». En 1992, les gens m'arrêtaient dans la rue pour me crier « Oui, Marie-Jo », là c'est « Alors, peut-être... ». J'en avais pas pris conscience, moi, du sens caché de ces mots-là. Finalement, je suis extrêmement heureux d'avoir dit ça sans le vouloir, parce qu'en réalité c'est ce que j'ai à l'intérieur de moi. Et pour ça, il faut avoir juste un peu de confiance et ne pas écouter tout ce qu'on dit. Pas écouter les mecs qui te disent : « Ah bah, t'es à la retraite, toi, tu prends la place des jeunes », ou alors : « T'y arriveras jamais, t'as une sale gueule. » Tous ces donneurs de « bons conseils » qu'on a aujourd'hui autour de nous et qui nous gênent dans le trafic, comme ils ont gêné Floria ; ces gens-là, faut pas les écouter. Et il faut croire en soi. Et « Alors, peut-être... », c'est ça : tu seras ce que tu es réellement.

LA PLAYLIST « MUSIQUE DE STADE »

« THUNDERSTRUCK »
AC/DC

« CAN'T STOP »
RED HOT CHILI PEPPERS

« RUN THE WORLD »
BEYONCE

« WALK THIS WAY »
AEROSMITH

« PARADISE »
COLDPLAY

« LOSE YOURSELF »
EMINEM

« NOTHING ELSE MATTERS »
METALLICA

« FREED FROM DESIRE »
GALA

« GENESIS »
JUSTICE

« AROUND THE WORLD »
DAFT PUNK

« Les événements de ma vie personnelle ou professionnelle sont liés à des musiques. L'un des plus beaux souvenirs que j'ai, c'est la cérémonie de clôture des Jeux paralympiques de Londres en 2012. C'était une émotion hallucinante avec Chris Martin qui est un mec que je ne connaîtrai certes jamais, mais qui pour moi est une référence. »

Ce que j'en déduis d'après tout ce que vous dites, c'est qu'au final vous en êtes content de cette tournure de phrase, non ?

Je ne me dis pas que j'ai bien fait mon job. Je me dis que je suis parti de la télé la tête haute avec la conclusion que je souhaitais. Lorsque je suis arrivé à la télévision, j'avais une mission bien précise, c'était de porter l'héritage de quelqu'un qui n'était plus là. Et lorsque ça s'est terminé, « Alors, peut-être... » que je me suis dit que j'avais fait ce qu'il fallait. Je me dis pas que j'ai bien travaillé, parce que je l'ai pas vraiment fait finalement. Mais je suis parti la tête haute et si mon pote me regarde de là-haut*, il doit se dire : « OK mec, c'était ce qu'il fallait faire. »

Autre exemple de votre capacité à trouver les bons mots, le 100 mètres d'Usain Bolt en 2009. On pourrait penser que c'est écrit à l'avance...

Et pourtant non, tu vois... Je suis pas toubib, mais je pense que l'adrénaline doit jouer dans ces moments-là. Il doit y avoir quelque chose que produit l'organisme qui doit aider. Parce que, lorsque je suis à froid et que je dois lire un texte par exemple, je vais dire beaucoup plus de conneries que quand j'improvise. Je pense qu'il y a quelque chose qui est du domaine physiologique, du domaine chimique, et qui doit produire une hormone spéciale. Ce qui fait que tu es plus dans le bon timing, et t'es différent de ce que tu es à l'ordinaire.

Est-ce que vous donneriez quand même le conseil de travailler sa voix ? Ce sont de bons conseils à donner à la nouvelle génération ?

---

* Dominique Duvauchelle a perdu la vie à 29 ans lors d'un tragique accident de voiture survenu le 15 mars 1982. Il s'était lié d'amitié avec Patrick Montel lors de leurs débuts communs à Radio Créteil.

Oui, c'est un bon exemple. Et le conseil que je donnerais à un gamin qui veut devenir journaliste, ce serait de ne pas marcher tête baissée. De lever le regard quand on est dans la rue, de regarder les infos, de se forger sa propre opinion, de doubler voire même tripler ses sources, et surtout d'aimer les gens. Et après la voix... on a la voix qu'on mérite. J'ai fait de la radio à mes débuts, et j'ai été viré d'une radio parce que j'avais la voix trop aiguë. On me demande souvent s'il faut obligatoirement faire une école de journalisme. Bah non, mon pote ! L'école de journalisme va te coûter 6 000 boules, et ça va rien changer au problème.

Et que pensez-vous de cette course à la punchline ultime ?

Même esprit, c'est non. Tu vois, j'ai connu un mec, très connu, que je ne citerai pas, qui arrivait sur son commentaire avec dix phrases préparées avant. Et à chaque fois, il barrait la phrase qu'il avait dite. Bah, ça, c'est l'anti-commentaire, parce que c'est l'anti-émotion. Le mec se disait : « Putain, j'en ai placé huit, comment je vais pouvoir placer la neuvième ? » Mais pendant que tu te dis ça, tu sors du truc. Tu loupes tout. Après attention, j'ai beaucoup de respect pour tous les collègues qui pensent que la data, la bienséance sont indissociables du job.

Vous avez pour habitude de débriefer vos commentaires, de vous réécouter une fois les compétitions passées ?

Jamais, et c'est là le problème. On débriefait jamais, et je ne me réécoutais jamais. Une fois que le rideau tombait, c'était fini. J'avais horreur de me réécouter. Et pour être honnête, j'ai été obligé avec « Alors, peut-être… » parce que j'étais sollicité pour parler de ce truc-là. J'ai toujours une appréhension à me réécouter. J'aime pas trop ça. C'est peut-être un rapport à l'ego, peut-être que je m'aime pas assez… J'en sais rien. Mais j'ai toujours beaucoup de réticence à me réécouter, ce qui fait que je ne le fais jamais. Je garde mes trucs en me disant qu'un jour je le ferai, et puis finalement je le fais jamais. En revanche j'écoute les autres.

Quand on évoque votre façon de commenter, souvent votre capacité à sublimer une ligne droite ressort. Vous avez conscience d'avoir créé cette attente qui fait aussi qu'on apprécie de revoir les courses pour la façon dont elles sont commentées ?

Franchement, je m'en suis jamais rendu compte. C'est très étrange par ce que je n'ai, sur le coup, aucune retenue. Je me lance à corps perdu dans le truc sans trop savoir vraiment ce que je vais faire et où ça va aller. Et une fois que c'est fini, j'ai toujours cette interrogation : « Mais putain, t'as pas déconné, là ? T'es pas allé trop loin ? »

En fait, j'ai été très clivant. Et très malheureux aussi parce que j'ai plus envie qu'on m'aime plutôt qu'on ne m'aime pas. Mais le fait d'être dans l'excès en permanence générait du négatif. Maintenant que j'ai trouvé une sorte de paix intérieure en m'intéressant au trail, je suis libéré de ce côté-là. Mais pendant longtemps, ça a été une souffrance.

Malgré tout, vous avez réussi à faire votre place parmi les grands avec tout cet héritage de moments et de phrases cultes...

Évidemment que le fait de laisser quelque chose fait plaisir, mais ce n'est évidemment pas calculé. Je te jure sur la tête de mes gosses que c'est vrai : je suis un escroc. Je te le jure (rires) ! Je suis un mec qui ne sait rien faire et qui a vécu toute sa vie de sa passion. Pour l'émotion, pour les gens. C'est le seul truc que je sais faire dans la vie, c'est donc une profonde escroquerie. Et franchement, s'il y a un seul gosse qui se dit : « J'aimerais bien faire comme Patrick Montel », et bah ça aura au moins servi à ça ! Mais pas plus, hein ! Le plus beau compliment qu'on puisse me faire, c'est de venir me voir et me dire : « Monsieur Montel, j'aime beaucoup ce que vous faites. » La personne qui me dit ça – et il y en a eu quelques-unes dans ma vie –, ces gens-là m'ont permis de me sublimer.

L'ACTU DE L'ÉTÉ

L'été 2014, ce sont d'abord des commémorations. En Normandie d'abord, et en Provence ensuite, 70 ans après la Libération. C'est aussi le moment où le futur président Emmanuel Macron rentre au gouvernement en tant que ministre de l'Économie. Enfin, c'est un séisme médiatique d'une grosse magnitude pour le président Hollande avec le livre vengeur de son ex-compagne Valérie Trierweiler, *Merci pour ce moment*. Un livre vendu à plus de 600 000 exemplaires.

LES AUTRES SPORTS

« C'est marrant, parce que dans ton livre, je sais que tu parles de l'exploit de Renaud Lavillenie, qui est le jour de mon anniversaire en plus. Ce jour-là je suis à Sotchi. Et Sotchi m'a vraiment interpellé sur la fatuité humaine de bouleverser la nature au profit d'une image, d'un personnage qui a tout détruit juste pour asseoir son pouvoir. Sotchi, ça restera pour moi les Jeux les plus tristes de l'histoire. Et les plus chers aussi. Tu vois, j'aurais préféré être à Donetsk, où aujourd'hui c'est impossible d'aller parce que c'est la guerre. J'ai vu des gens qui n'arrivaient pas à manger à leur faim, mais avaient cet amour du sport absolument irraisonné, ce qui fait qu'ils étaient présents pour les Masters de la perche organisés par Bubka, alors que leur quotidien était très compliqué. »

P. MONTEL

CHAPITRE 16

« ESSAI À LA 100E MINUTE, AU BOUT DU BOUT DU BOUT ! C'EST FOU ! »

MATTHIEU LARTOT

18 mars 2017. Stade de France (Saint-Denis)

5e journée du Tournoi des Six Nations

France-Pays de Galles (20-18)

« *Face à la roche, le ruisseau l'emporte toujours, non pas par la force, mais par la persévérance.* »

H. Jackson Brown

L'aventure de Matthieu Lartot auprès du XV de France, c'est une série en plusieurs épisodes. Des débuts en fanfare, puis une longue traversée du désert entrecoupée de quelques moments de grâce trop rares, et puis un renouveau que l'on perçoit comme quasi sans limite depuis 2019. Matthieu Lartot, c'est la persévérance. Modèle de précocité dans un milieu où l'expérience prime souvent. C'est la sublimation du geste, et l'éloge du dosage dans le choix des mots. La valorisation de la performance sportive et la compréhension des failles de ces hommes à qui on ne demande que le maximum. Enfin, Matthieu Lartot, c'est la résilience. Comment ne pas dissocier le commentateur de son histoire humaine ? Le combat contre deux cancers à plusieurs décennies d'écart fait de Matthieu un guerrier. Quand il parle au micro d'un match de se battre, de mettre ses tripes pour aller chercher la victoire, ça n'a forcément pas le même impact. Lutter, il connaît. La douleur, il connaît. Se relever, il connaît aussi. Matthieu Lartot, c'est probablement ce supplément d'âme dans le paysage du commentaire en France. Ce cœur énorme porté par la passion de son sport, et plus globalement par un amour inconditionnel de la vie.

Si je te parle de ce France-Pays de Galles 2017 complètement fou, qu'est-ce qui te revient ?

Le premier truc, c'est le suspense, le côté interminable de la chose. C'est le match le plus long de l'histoire du rugby international. L'accumulation de mêlées, plus d'une vingtaine... C'est incroyable, on n'avait jamais vu ça !

J'ai toujours en mémoire ce jour-là. Le match d'après, c'est Irlande-Angleterre, les joueurs sont sur le terrain et attendent. Nous, on a donc l'écran qui concerne notre match, mais on a aussi ce qu'on appelle un quad avec plusieurs images, dont celle de Dublin. Et ça fait 10 ou 12 minutes qu'il y a des mêlées dans tous les sens, avec de l'autre côté les hymnes qui ont été joués et les mecs qui attendent que le match de la France soit fini. Ça donne une scène hallucinante qu'on a mise en double écran avec les Anglais et les Irlandais qui continuent à s'échauffer après les hymnes en attendant.

On s'en amuse, parce qu'à un moment donné, la situation devient presque risible. Et d'ailleurs, ce match a marqué un tournant au niveau de l'arbitrage.

Ce match fait office de lumière dans la nuit, de moment de joie à part dans cette période difficile pour le XV de France. Cette période de 2011 à 2019 est dure, même pour toi aux commentaires, j'imagine...

On est dans de la souffrance. Quand on est dans une séquence pareille où l'équipe de France perd plus de 60 % de ses matchs, et quand on est au stade avec Fabien Galthié avec qui je commente, c'est dur. T'arrives au Stade de France, l'ambiance est morose, il se dégage rien du stade. On prenait plus de plaisir à commenter les autres. On sait que quand on est commentateur sur le service public, on est regardé par des millions de gens. Et on sait que ça pèse aussi pour eux.

Entre le moment où tu démarres ta carrière et ce match de 2017 (voire ensuite), le rugby a beaucoup changé...

Dans notre manière de préparer nos matchs, quel que soit le contexte de victoire ou non autour, il y a des choses qu'on ne maîtrise pas. Par exemple, la distance du rugby pro avec l'environnement médiatique. Quand j'ai commencé ce métier, j'étais en bord de terrain. On partait sur les terrains de Coupe d'Europe avec Salviac et Lacroix. On arrivait la veille, on allait systématiquement voir les équipes françaises à l'entraînement, on discutait avec les mecs pendant des heures. On glanait beaucoup d'infos, c'était de vrais échanges. Mais le monde du rugby professionnel s'est petit à petit refermé et recroquevillé sur lui-même. Ça a changé aussi parce qu'il y a de plus en plus de journalistes, de plus en plus de chaînes. Avant 2012, on est seuls sur la Coupe d'Europe, donc quand on est reçus, les mecs sont contents de nous voir.

On a tendance quand on est journaliste et qu'on traite du rugby au quotidien à prendre un peu les mecs pour des machines. Pour nous, c'est normal qu'ils s'entraînent autant, qu'ils prennent des coups, qu'ils se blessent pendant 6 mois et qu'ils reviennent. Et pareil pour leur rapport aux médias.

Est-ce que, malgré tout, tu gardes les mêmes routines de préparation qu'avant cette prise de conscience ?

Oui. Je suis de l'école Bill McLaren que m'a transmise Salviac, vu qu'il s'était aussi inspiré de lui. Je suis incapable de préparer un match sur ordinateur. Il me faut mes fiches papier, mes stylos, mes surligneurs. La fiche, c'est ta béquille si à un moment donné t'as besoin d'aller chercher une anecdote ou autre.

Charles Biétry m'a dit un truc qui m'a marqué et qui me marque encore aujourd'hui chaque fois que je pars sur un match. Il m'a dit : « Aie toujours un crayon à papier avec toi. » Et je l'ai compris sur un match en Angleterre, c'était Leicester-Stade français en Coupe d'Europe. J'arrive avec mes petites fiches, mes trucs colorés, c'était magnifique, code couleur nickel. Et là, au bout de dix minutes, de la pluie genre neige fondue, bien dégueulasse. Tout avait dégueulé sur mes fiches, j'avais plus rien. Et je n'avais qu'un stylo bille. En moins de 10 minutes, plus de fiches, et je pouvais même pas noter les essais, les changements, les faits importants pendant le match. C'est là que j'ai compris la remarque sur le crayon à papier !

Tu as pris le relais de légendes comme Roger Couderc, Pierre Albaladejo ou Pierre Salviac, adeptes de la formule. Comment est-ce que tu as trouvé le bon dosage en y mettant ta personnalité ?

C'est un gros héritage, et c'est pas évident du tout. Si tu parles de l'équipe de France de rugby, il y a en réalité trois personnages qui ont marqué l'histoire du commentaire. Roger Couderc, Pierre Salviac et Pierre Albaladejo. Quand j'arrive en 2009 au commentaire de l'équipe de France, j'ai 29 ans. Je suis le plus jeune commentateur de l'histoire pour une équipe nationale à la télévision. Il y a cette pression énorme sur mes épaules, et surtout il y a cet héritage-là.

LE BOX OFFICE

LA LA LAND
SORTI LE 25 JANVIER 2017

MOONLIGHT
SORTI LE 1ER FÉVRIER 2017

ALIBI.COM
SORTI LE 15 FÉVRIER 2017

SPLIT
SORTI LE 22 FÉVRIER 2017

LOGAN
SORTI LE 1ER MARS 2017

« L'influence du cinéma est là, même si parfois elle est inconsciente. Avec Fabien Galthié, on avait pour jeu de placer des références aux *Bronzés* ou à de Funès pendant certains matchs. Ce sont des références communes avec le public. »

Couderc, à son époque, il n'y avait personne d'autre, et il commentait quatre matchs de rugby dans l'année. Quand j'ai regardé ces matchs-là, je me suis dit : « Mais putain, jamais je pourrai faire du Couderc ! » J'ai pas sa voix, pas son parcours, pas son âge. Le « Allez les petits ! », il est hyper marquant, il est génial. Mais c'est un « Allez les petits » de grand-père presque. J'allais pas dire « Allez les petits » à Yannick Jauzion qui a trois ans de plus que moi au moment où je commence, tu vois ! Salviac, c'était l'école un peu rentre-dedans et poil à gratter, un peu provoc'. Il aimait bien la polémique, chahuter les gens. Là pareil, je suis pas en position de faire ça.

« Bala » (Albaladejo), ça chante, c'est fluide, c'est naturel. Pour moi, c'est la référence absolue.

On en prend tous plein la gueule sur les réseaux, mais Couderc, à l'heure des réseaux sociaux, il ferait même pas une semaine ! Mais à cette époque-là, tu pouvais être dans l'exagération, dans l'approximation, dans l'erreur, tout était pardonné. Aujourd'hui, t'as dix mille mecs qui sont à l'affût de la moindre erreur pour te tomber dessus !

Comment est-ce que tu te démarques et qu'est-ce que tu amènes de frais au public qui est de plus en plus spécialiste ?

Quand j'ai compris que je ne ferai pas du Couderc ou du Salviac, j'ai décidé que je ferais du Lartot. À savoir un passionné de rugby, qui a joué et qui dans la vie aime chambrer, jouer avec les mots, sans pour autant être un clown. On a donc commencé par faire des petits jeux de mots, puis une ou deux formules. Par exemple, mon premier match au micro du XV de France, c'est Irlande-France à Croke Park. À cette époque, y a Jamie Heaslip qui joue pour l'équipe d'Irlande. Et pendant 2 ou 3 ans, ça va devenir notre petit « chouchou », avec lequel on va s'amuser un peu. « La fête d'Heaslip », ce genre de truc. Et d'un seul coup, on est sérieux sans se prendre au sérieux. C'est un truc qui me correspond plutôt pas mal.

LA PLAYLIST

« SHAPE OF YOU »
ED SHEERAN

« DON'T WANNA KNOW »
MAROON 5

« RUN UP »
MAJOR LAZER

« CHAINED TO THE RYTHM »
KATY PERRY

« ROULE »
SOPRANO

« HUMAN »
RAG'N'BONE MAN

« SOMETHING JUST LIKE THIS »
COLDPLAY & THE CHAINSMOKERS

« DESPACITO »
LUIS FONSI

« PASSIONFRUIT »
DRAKE

« IT AIN'T ME »
KYGO & SELENA GOMEZ

« Quand j'étais ado, on avait un groupe de rap. J'avais un pote qui était le cousin d'un des gars d'Expression Direkt. Du coup, on traînait un peu avec eux quand on était jeunes. Ils nous filaient des prod', et on allait poser dessus. Ça m'a donné la passion du micro. Le rythme, les mots, la *punchline*. »

Quand je commente un match sur France TV, je m'adresse pas aux férus de rugby. Ils m'ont pas attendu pour regarder tous les matchs. C'est pas eux ma cible, même s'ils sont toujours présents et tant mieux. Ma cible, ce sont les gens au fin fond du territoire qui attendent uniquement le Tournoi pour regarder du rugby à la télé.

Sur l'essai de Chouly dans ce fameux France-Pays de Galles 2017, tu montes très haut. C'est un aspect que tu travailles, la voix ?

Je ne travaille pas du tout ma voix. Il m'est arrivé en 2006 ou 2007 sur un match du Stade français en Coupe d'Europe de me réveiller le matin du match aphone. J'étais pas malade, je suis pas sensible de la zone de la trachée, ou quoi. Juste... plus de voix. J'ai fait une mi-temps avec la voix complètement cassée où c'était pénible pour moi et sans doute aussi pour les gens qui m'écoutaient, et puis la voix m'est revenue à la mi-temps, et ça allait beaucoup mieux en une seconde. Malgré cet épisode, je me suis jamais dit : « Putain, fais gaffe ! T'as deux matchs dans le week-end, ménage la voix ! » Jamais. Ici, certains journalistes, pour être autour de la table de *Stade 2*, sont allés prendre des cours de théâtre. Moi, j'ai jamais fait ça.

Tu as fait du rap dans ta jeunesse. Je trouve que ça se ressent dans ta rythmique...

Je considère que le commentaire de sport à la télé, ce sont des rythmes. Il faut pouvoir être à la fois posé quand le match t'impose de l'être et pouvoir emballer la machine à l'approche de zones décisives. Sur le match du Pays de Galles en 2017, il y a ça, tu le vois arriver quand même. C'est une action courte : mêlée, Camille Chat qui part, et Chouly qui marque sur 5 mètres. Tu sens le truc. En revanche, l'essai de Fickou contre l'Angleterre en 2014 ou plus récemment la relance de Ntamack contre les Blacks (en novembre 2021), même si ça va pas au bout, là ce sont des actions où ça dure. Il faut tenir un truc assez puissant pendant une trentaine de secondes. Et pour faire l'analogie avec le hip-hop, y a un côté un peu « battle ».

Est-ce que tu es content de ton commentaire sur l'essai de Chouly sur France-Pays de Galles ?

Non, pas du tout. Et ce jour-là, je peux te le dire, je crois même que c'est un essai de Chat au début. Je vois très bien Chat prendre le ballon et faire un « *pick and go* », et c'est le temps de jeu juste après où Chouly marque. J'ai plein de défauts, mais je me trompe rarement sur des marqueurs d'essais ou sur des séquences longues de jeu. Quand je réécoute, je suis pas satisfait parce que j'aurais pu être plus précis, mais ce jour-là, c'était pas grave. Je m'en serais mordu les doigts si ça avait été un essai d'un ailier en bout de ligne que j'aurais confondu avec un autre gars.

Est-ce qu'à l'inverse ça t'est arrivé de te dire : « Là, avec le consultant on a été bons. On a fait un bon match » ?

Oui, mais c'est rare. Il y a des matchs où t'as même pas besoin de te réécouter. Par exemple, quand on bat les Blacks en novembre 2021 au Stade de France, à la fin du match, je dis : « Adieu les défaites encourageantes, bienvenue dans la nouvelle ère de l'équipe de France. » C'est pas une punchline, mais c'est pour moi le bon mot au bon moment. C'est mon « Pas toi, pas maintenant, pas après tout ce que tu as fait », toutes proportions gardées ! La clé de tout ça, c'est l'authenticité, le naturel et ta personnalité.

Parlons des consultants, Matthieu. Un rôle primordial pour accompagner le rugby sur le service public...

À France TV, on a une perception claire. Le consultant rugby qui suit l'équipe de France se doit d'avoir marqué l'équipe de France lorsqu'il était joueur. Avec Fabien Galthié, les premiers temps n'ont pas été fluides du tout. Y a même eu des clashs, de gros clashs. Un jour, à Édimbourg, il a posé le micro à un quart d'heure de la fin du match et il a plus parlé. Pendant la pub qui a duré une dizaine de minutes, ça a été une boucherie ! Je me suis énervé, je lui ai dit : « Écoute, c'est la première et dernière fois que tu fais ça. Pour moi, c'est une faute professionnelle. Si tu refais ça, on arrête. Tu quittes France Télévisions et tu commenteras plus jamais ! » Il est comme ça, Fabien. Il a besoin de gens qui ne se laissent pas faire, qui lui tiennent tête et qui ne se laissent pas démonter.

On faisait le Tournoi et la Coupe d'Europe ensemble, je voyais donc plus souvent Fabien Galthié que mon épouse. Sur le tournoi, tu pars 3 ou 4 jours toutes les semaines pendant un mois et demi, voire deux. Donc voilà, si à un moment il n'y a pas d'atomes crochus ou de points de convergence, ça peut pas marcher. C'est impossible.

C'est venu plus vite avec Dimitri Yachvili ?

Avec Dimitri, on s'est vu tout du long de nos carrières respectives. Pour des matchs ou des reportages. On allait bouffer ensemble, on était dans les mêmes bringues, etc. La connexion était peut-être plus évidente... en apparence. Parce qu'aujourd'hui, je ne dirais pas que je suis plus proche de Dimitri dans la vie que je ne l'étais avec Fabien. Parce qu'avec Fabien, c'est allé très loin. Ça a duré 15 ans ; c'est long ! Mais avec Dimitri, c'était instantané.

C'est quelqu'un de pragmatique, très calme et posé. Très studieux, bon élève. Parce qu'on a parlé des journalistes, tu as eu « Bala », Thierry Lacroix, Fabien Galthié, et aujourd'hui y a Dimitri Yachvili. C'est quand même dingue dans l'histoire du XV de France : t'as quatre consultants ! Donc, quand Dimitri arrive, il sait.

L'ACTU MÉDIA

Dans une période électorale, les journaux, les radios, les télés passent en mode présidentiel. Et dans une campagne restée dans les annales du fait de son scénario, les médias ont vu leurs audiences exploser et de nouveaux concepts de contenus voir le jour. Sur la une, c'est le débat entre les principaux candidats. Les cinq poids lourds qui vont se disputer le sésame fin avril. La primeur de la nouveauté va à France 2. Pour la première fois dans l'histoire, la chaîne publique diffuse un débat avec tous les candidats enregistrés auprès du Conseil constitutionnel, et ce trois jours avant le premier tour en avril. Par ailleurs, une tendance se dégage lors de cette campagne, sans doute appuyée par les réseaux sociaux et ce désir du public d'être au fait de ce qu'il ne voit pas : l'inside. Jamais autant de reportages en immersion ni même de documentaires n'ont été produits pour une campagne présidentielle. Au cœur des QG de campagne, dans l'intimité du candidat dans ses déplacements... On en montre toujours plus, et ça, c'est nouveau.

LES AUTRES SPORTS

Il n'y a pas que du bleu blanc rouge dans ce début d'année 2017, mais certaines des performances sont obligatoirement à valoriser. Comment passer à côté de ce match de légende qui couronne Roger Federer de son 18e Grand Chelem à 35 ans lors de l'Open d'Australie ? Comment passer à côté du nouveau titre mondial des Experts à domicile dans un Bercy en fusion en janvier et qui, n'en déplaise à Marvel, deviennent « Les Éternels » ? Les fans du PSG ne seront pas contents, mais ce 4-0 retourné en 6-1 un soir de 8e de Champions League au Camp Nou appartient à la légende. Et puis, le 17 mars 2017, on retiendra que c'est lors de ce Manchester City-Monaco que le monde du foot assiste incrédule à l'éclosion d'un prodige en mondovision. Son nom : Kylian MBappé.

« Je consomme vraiment tous les sports. Le golf que je pratique, la majorité des gens trouvent ça chiant à la télé. Moi, j'adore ! Je peux rester 5 heures d'affilée devant un majeur de golf. Les fléchettes aussi, je peux regarder ça 2 heures, je vais me régaler. En Angleterre, les tournois de fléchettes ont une ambiance de dingue. »

M. LARTOT

CHAPITRE 17

« ET SI VOUS VOULEZ PAS VOUS LEVER, MÊME À 11 H DU SOIR, ET CRIER "MEEEESSI ! MEEESSI !", SORTEZ LE PYJAMA ET ALLEZ-VOUS COUCHER, MESSIEURS DAMES »

OMAR DA FONSECA

11 janvier 2017. Camp Nou (Barcelone)

Quart de finale retour de la Coupe du Roi

FC Barcelone-Athletic Bilbao (3-1)

Pourquoi regarde-t-on le sport à la télé ? Et surtout pourquoi a-t-on envie de regarder du sport ?

On veut vivre des émotions. Se faire transporter par la performance dans un premier temps. Et ensuite, profiter de la place de choix qu'occupe le duo de commentateurs. On veut se régaler de l'action, et pourquoi pas récupérer une part de l'énergie que partage le duo au micro.

En France, la majorité des commentateurs sont issus d'une école plutôt anglo-saxonne, théorisée sur Canal + depuis les années 1990. Expertise, sobriété, description. Et, bien sûr, montée en énergie lorsque l'action le demande. L'émotion, propre à une école plus latine, voire sud-américaine, n'est pas centrale. Elle vient en second plan, et c'est le talent de chacun qui permet de la mettre en exergue.

Trois mots pourtant sont venus mettre un coup de pied énorme dans la fourmilière du commentaire en France. Avec un style, un timbre, une voix, un personnage. Omar da Fonseca. On l'a découvert sur Canal + à ses débuts. On y sent un ancien joueur

LE BOX OFFICE

LES 7 MERCENAIRES
SORTI LE 28 SEPTEMBRE 2016

DOCTOR STRANGE
SORTI LE 26 OCTOBRE 2016

INFERNO
SORTI LE 9 NOVEMBRE 2016

LES ANIMAUX FANTASTIQUES
SORTI LE 16 NOVEMBRE 2016

DEMAIN TOUT COMMENCE
SORTI LE 7 DÉCEMBRE 2016

passionné, amoureux fou de son sport, expliquer avec l'accent de son Argentine natale le fameux rapport au ballon. La tactique, le duel, très peu pour lui.

Arrivé sur beIN Sports pour commenter le foot espagnol avec Benjamin Da Silva (un autre ancien de Canal), Omar va détonner.

Pendant des années, chaque week-end, on attend le duo au commentaire, tels deux extraterrestres qui se tirent la bourre. CR7-Messi, Real-Barça (avec aussi un peu d'Atlético), c'est le cadeau qui va tomber du ciel pour la team Da-Da. Cette surexposition du championnat hébergeant deux des meilleurs joueurs de l'histoire va propulser le binôme au sommet, et révéler un modèle de commentaire nouveau, dépoussiéré.

Car on attend l'envolée lyrique, parfois presque insensée d'Omar. Un Omar qui n'est plus seulement consultant. C'est un comédien, un showman, un chanteur parfois. Il ne surjoue pas, il laisse libre cours à sa passion. Appuyé par un Benjamin Da Silva qui a tout compris en lui laissant un champ d'expression total. Omar, c'est l'amour fou du foot, du ballon. Et comment ne pas revenir à ce 11 janvier 2017 pour l'un des moments où il fallait rester debout, même à 23 h ? Parce que sur le terrain, c'est Messi, et parce qu'au micro c'est Omar. Et que le spectacle dans ce cas-là est total...

Omar, quand on évoque ce soir de janvier 2017, cette envolée sur ce coup de franc de Messi, ça vous ramène à quoi ?

À un moment pas prémédité du tout. Pour moi, le sport c'est un spectacle festif. Quand je regarde les matchs seul, je le fais avec les commentaires espagnols, mexicains ou argentins, parce que les stats, tout ça... C'est pas mon truc. C'est pas de la sévérité, mais c'est le jour et la nuit. Il suffit de voir comment une belle action non décisive est décrite ici comparée à ces pays-là. Je ne dis pas que c'est mal ou quoi, mais c'est encore quelque chose de très présent en France de se dire que le spectacle doit être sérieux. Et moi, je continue à dire qu'on peut être pertinent et compétent en donnant un peu de chaleur, de légèreté... mais allez, on continue parce que parle déjà trop (rires).

De beaux buts de Messi, vous en avez commenté des centaines, Omar. Et ce jour-là, le match est à 22 h, c'est un quart de finale de Coupe du Roi, il y a peu de raisons de s'extasier à la base. Et pourtant,

vous allez nous offrir un monologue incroyable en prévenant que « s'il marque, on s'en va »...

Ah oui, exactement, je m'en souviens. Et ça part d'un contexte de fonctionnement de vie. J'ai 64 ans aujourd'hui, et c'est un privilège d'être en bonne santé et de vivre ce genre de moment incroyable. Même si on dit que parfois c'est trop ou exagéré. Dans ma vie hors foot, je suis comme ça aussi. Quand je vais au théâtre ou au cabaret, tout n'est qu'émotion. Vivre l'instant toujours de manière joyeuse. Je ne suis pas matérialiste, c'est donc l'échange humain qui compte. Et là, on est tard le soir, c'est un geste incroyable qu'il banalise dans l'excellence, et un peu égoïstement je me laisse aller à ce que ça me procure personnellement. Je me souviens, le mur est du côté le plus difficile, il tape la balle de façon qu'elle heurte la base du poteau, tu vois, comme un petit bisou.

Je suis toujours dans le côté imagé. Là, j'imagine que la balle se retourne dans l'air pour demander à Messi : « Où tu veux que j'aille ? » et que ses joues se décontractent pour aller se faire une place dans les filets. C'est ma manière de faire. Il y a mon côté argentin exubérant, et aussi le fait que je n'ai aucun plan de carrière ou objectif à mon âge. C'est l'émotion et le plaisir qui comptent. Je suis naturel, et je n'ai pas peur. Et là, parce que c'est Messi, parce que c'est un coup franc imprévisible, et parce que je suis relax, avec l'impact, je me lâche. J'ai besoin d'émotion.

Sur ce but-là, on peut noter aussi le fait que Benjamin vous laisse partir, décoller. C'est pas dans les codes du commentaire en France à la base...

Oui, et même si je l'ai déjà dit mille fois, je le redis encore : quelle chance ! On a une relation très forte, alors qu'à la base on est à l'opposé. J'ai 20 ans de plus que lui, j'aime la variété française, alors que lui il écoute beaucoup plus de bruit que de musique (rires), je regarde pas de séries... Mais entre nous deux, il y a eu une intelligence d'ego, et il a capté comment on devait faire ensemble. Le mérite de ce fonctionnement lui revient. J'ai bossé avec tous les commentateurs à l'époque à Canal. Biétry, Jobard, Balbir, Linette... Tous. Et chacun avait ses particularités. Et j'ai appris aussi avec chacun une façon différente de gérer un match et un direct. Mais, avec Benjamin, ça a été assez rapidement quelque chose de différent. Et j'ai senti vite qu'on avait visé juste.

Je sais pas si on est meilleurs, mais il y a une alchimie évidente qui nous a mutuellement valorisés, et je le remercie pour ça, parce que c'est pas toujours simple de casser les codes. On les a modifiés sans le préméditer, on s'amuse beaucoup sur *FIFA* aussi quand on enregistre. Il a eu un recul très intelligent, au profit de la qualité de l'ensemble.

Le fait que vous soyez à fond dans l'émotion et moins dans l'analyse tactique ou chiffrée, à l'image

de la première génération de commentateurs en France, ça peut expliquer l'amour que vous porte le public ? Ce besoin de revenir à l'émotion pure ?

J'en suis tout à fait convaincu. Je viens d'une culture où tout se passe comme tu viens de le dire. Avec l'émotion, l'exubérance. Mon père mettait la radio au milieu de toute la famille et on regardait le poste de radio ! Et les mecs qui commentaient décrivaient tout : les coupes de cheveux, le style, l'allure de course, les signes distinctifs, l'ambiance. Tout était décrit, raconté et imagé comme si on y était. J'ai grandi avec ça, et je fais pareil. Quand, sur le but de Messi dont on parle, je dis qu'il lui a donné le biberon, c'est une phrase qu'on dit souvent en Argentine. Ils arrivent à trouver des expressions et des surnoms qui font que celui qui écoute visualise tout de suite. Et moi, modestement, j'ai cet ADN-là, parce que j'ai grandi avec ça. On n'avait pas la télé chez moi, c'était donc le son qui faisait fonctionner l'imagination.

Parfois, on a quelques divergences avec la nouvelle génération des commentateurs. Ils essaient de parler de chiffres, de stats avec des nombres à virgule, comme si le joueur frappait avec une moitié de pied.

Ça parle de 4-3-3 ou de 4-5-1... Mais non ! Raconte-moi plutôt pourquoi la balle a choisi de rentrer ou de ne pas rentrer. Je suis un vieux, moi, et ça me fait pas rêver ça ! Je regarde beaucoup les matchs à la télé mexicaine ou argentine, et j'aime leur authenticité,

LA PLAYLIST

« PERFECT ILLUSION »
LADY GAGA

« STARBOY »
THE WEEKND FEAT. DAFT PUNK

« NAHA »
PNL

« CHANTAJE »
SHAKIRA FEAT. MALUMA

« 24K MAGIC »
BRUNO MARS

« MY WAY »
CALVIN HARRIS

« LET ME LOVE YOU »
DJ SNAKE FEAT. JUSTIN BIEBER

« JE M'EN VAIS »
VIANNEY

« PERFECT STRANGERS »
JONAS BLUE FEAT. JP COOPER

« TCHIKITA »
JUL

leur émotion, leur sincérité. On s'amuse plus. En France, je nous trouve très intellectuels. C'est dommage.

Et donc c'est plutôt bon signe que votre duo avec Benjamin soit aussi prisé et apprécié du public, même le public spécialiste ?

Oui, mais je ne me permettrai pas de juger et de comparer. Il y en a pour tout le monde. Moi, ce que j'exprime c'est mon naturel, mes convictions. Et une fois que j'ai dit ça, je reconnais être très étrangement surpris du capital sympathie que je reçois dans la rue. Je suis invité dans des concours d'éloquence d'avocats, dans des séminaires de chefs d'entreprise, dans des écoles primaires... J'aime ça, et en même temps, je me demande comment c'est possible. J'ai 64 ans, j'ai un accent, je parle mal français...

je comprends pas tout. Quand le directeur d'EA Sports m'a appelé pour *FIFA*, je lui ai dit qu'il se trompait en faisant appel à moi. Je joue pas à ça, je suis plus à l'aise sur le direct...

Quelque part, il y a une forme d'illogisme dans cette situation. En revanche, j'adore ça, et je trouve ça vraiment génial. Mais je me poserais toujours cette question au vu de tout ce que je viens de t'expliquer : pourquoi moi ?

J'aimerais qu'on parle de votre technique, Omar. Avec une question pas évidente : entre le moment où vous voyez l'action et celui où vous partez dans les métaphores et autres figures de style, que se passe-t-il ? Quel est le mécanisme ?

Difficile. Déjà, quand on fait des matchs en cabine (comme ce Barça-Bilbao), ça peut arriver qu'on se relâche un peu. J'essaie toujours d'éviter ça, parce qu'un match de foot n'est pas censé ralentir ma vie ou m'enlever de l'adrénaline. Au contraire. Sur ce match, par exemple, je vais imaginer le coup franc avant qu'il soit tiré. Comment il va frapper, comment la balle va tourner, etc. Ce sont mes délires, et un peu la folie, je crois. Mes petits-enfants ont 10/11 ans, et ils me disent parfois : « Mais pourquoi tu cries autant ? Ce n'est qu'un but ! » (Rires.) Encore une fois, c'est le rapport à la joie donnée par le foot. Mais c'est pareil quand je vais voir un spectacle. Je peux pleurer pendant 10 minutes. Quand je pars comme ça, je veux pas être mesquin ou radin avec mes sensations. Le tir, le ballon, le filet, le cri... Et là, je pars avec des choses que j'ai entendues à un moment donné en Argentine, parce qu'on a plein d'images comme ça. Parfois, on peut dire que j'en fais trop, mais je sais pas s'il faut donner des limites à mon bonheur, aussi égoïste que ça puisse être. Ça reste dans le partage, mais dans un premier temps, je le fais pour moi, c'est vrai.

Si vous deviez modestement prodiguer un conseil à la future génération de commentateurs, ce serait quoi, Omar ?

Il faut garder sa personnalité, bien sûr. C'est la base. Faire à tout prix ce qu'on pense être la norme, c'est dangereux. Aujourd'hui, c'est difficile de dépasser le temps demandé après un but par exemple. Et si tu deviens aussi rigide dans l'organisation et trop enfermé dans une certaine discipline, tu ne te permets pas de trouver une différence. On est tous différents, et je crois qu'il faut le mettre en avant. Moi, par exemple, je n'utilise jamais un vocabulaire guerrier. Bataille, guerriers, combat, etc. Je ne dis pas de gros mots non plus. Parce qu'on a un métier privilégié et merveilleux, celui de pouvoir parler de football. Le foot ne sera jamais rien de grave. Il y a des enjeux, oui, mais la gravité est ailleurs. La gravité, ce sont les guerres, les gens malades, ceux qui meurent. Nous, on n'a pas le droit de transmettre ce côté pesant, rigide. Il faut courir pour avancer et pas courir pour fuir. Et moi, il me reste encore un peu d'énergie pour courir (rires) !

Pour finir, Omar, quel retour du public vous fait le plus plaisir à entendre quand vous le rencontrez ?

C'est un mélange de joie de partager, et de fierté bien sûr. Je rencontre toutes sortes de personnes, et dans la manière dont les gens m'appellent Omar, il y a une proximité qui se crée. Je m'interroge sur le pourquoi de cette proximité immédiate, qui fait qu'on m'appelle par mon prénom, mais c'est fou.

À travers l'image, la voix, il y a un rapport direct entre nous et j'admire ça. Je suis convaincu que nous ne sommes que de passage, et qu'il faut que ce passage se passe au maximum en paix et en tranquillité. Et toutes ces réactions géniales à mon égard me touchent beaucoup. C'est mignon.

Petite anecdote : je vais toujours dans la même boulangerie, et le lendemain où Messi est arrivé à Paris, je suis allé acheter ma baguette. Le boulanger est arrivé en me disant : « Omar, vous avez vu, Messi est arrivé ! » Et pouf, il m'a fait un bisou (rires). Ça m'avait beaucoup touché.

J'ai besoin de ces échanges avec les autres. Je fais plein de trucs pour ça. Tous les lundis et jeudis, j'organise des matchs de foot, on est 30 ou 40. Je réserve le terrain, je lave les maillots, je fais les équipes... Parce que j'aime être avec les autres et me retrouver autour de cet amour commun pour le football. Tout ça, pour moi, c'est la vie.

DANS L'ACTU : LA FRANCE EN CAMPAGNE

La seconde moitié de l'année va être marquée par les grandes manœuvres dans les partis en vue de la présidentielle d'avril/mai 2017. Le début d'une campagne unique dans l'histoire du pays, avec le bal des primaires.

Et ça commence par la droite. Après une longue campagne des primaires où est annoncé un duel au sommet entre Alain Juppé (grand favori) et Nicolas Sarkozy qui a fait son retour quelques mois auparavant, c'est un troisième homme qui va coiffer tout le monde au poteau. François Fillon précipite la fin de la vie publique des deux favoris. Et au moment où il s'impose le 27 novembre 2016, il est annoncé comme le favori numéro 1 à l'Élysée.

À gauche, la descente aux enfers des élections de 2017 commence en octobre. Le 13 octobre sort le livre de Fabrice Lhomme et Gérard Davet, *Un président ne devrait pas dire ça*, dans lequel certains propos rapportés du président créent la polémique, et fragilisent François Hollande. Fragilisé par les sondages et par la fronde au sein de son propre parti, il annonce le 1er décembre 2016 qu'il ne sera pas candidat à sa réélection. Une première dans l'histoire. Une semaine plus tard, Manuel Valls, alors Premier ministre, démissionne pour se jeter dans la bataille pour l'Élysée. Une bataille de deux mois qui aboutira le 29 janvier à la victoire de Benoît Hamon, qui restera toute la campagne dans l'ombre de Jean-Luc Mélenchon.

Et Emmanuel Macron, me direz-vous ? Après avoir créé son mouvement En marche le 6 avril 2106, l'ancien protégé du président Hollande quitte le gouvernement le 30 août. Et au moment où il annonce sa candidature, le 16 novembre 2016, il est crédité d'au mieux 14 % dans les sondages.

OMAR... PAR BENJAMIN DA SILVA

« Quand Messi joue, Omar, je le gère pas. Vous croyez qu'Omar da Fonseca est gérable ? (Rires.) Ce qu'il fait en étant comme ça, c'est différent des autres, et c'est ce que j'aime. Je pense que c'est aussi ce que les gens aiment avec Omar ; c'est quelqu'un de différent. Il a un grain de voix particulier, il a des expressions bien à lui, très spécifiques. Et puis, surtout, Omar quand il commente, Messi on l'aime, mais on l'aime quand il commente un match tout court. Ça transpire la passion, l'enthousiasme. Là, on parle d'un but de Messi, mais je sais que sur des buts de Benzema aussi, il est comme un fou parce que ce sont des actions exceptionnelles. De toute façon, Omar ne va pas se cacher. Tout le monde sait qu'il est argentin, et il y a Messi qui est l'un des plus grands joueurs de l'histoire du foot... Mais heureusement qu'il s'emballe ! Moi je préfère quelqu'un comme ça, de spontané et de fou. Les gens ne le voient pas, mais Omar au commentaire, c'est beaucoup de grands gestes aussi. Quand Messi réalise des gestes dingues, je prends pas mal de petits coups sur l'épaule, comme pour vérifier que j'ai tout vu (rires).

Commenter avec Omar m'a permis de me libérer, de faire ressortir ma personnalité. J'ai vite vu comment il est à l'antenne, et je me suis dit sans être sûr d'y arriver que j'allais essayer de me rapprocher le plus possible du naturel. Je me suis permis de rire sur des buts comme sur celui de Messi face à Bilbao par exemple. Il fallait qu'on soit raccords à l'antenne, et c'est ce que j'ai envie d'être aussi.

Tant qu'on garde cette spontanéité, on se régale. Et on a eu le bonheur de commenter des matchs de dingue avec les meilleures équipes du monde. Avec Omar, on a été extrêmement chanceux de partager ces grands rendez-vous. Omar, c'est un peu comme un tonton, et même si on a déjà un chemin commun déjà très beau, on continue à regarder vers l'avenir parce que le plaisir est toujours là. Et c'est le plus important pour nous. »

CHAPITRE 18

LE COMMENTAIRE VU PAR…

STÉPHANE GUY

« *Croyez en vos rêves et ils se réaliseront peut-être. Croyez en vous et ils se réaliseront sûrement.* » Cette phrase magnifique de Martin Luther King résume à elle toute seule la vision du métier de commentateur de Stéphane Guy. Cette vision commence par un rêve. Celui d'avoir compris très vite ce qui peut donner un sens à sa vie. Ici, accompagner une action sportive qui nous passionne et que l'on n'est pas forcément capable d'effectuer soi-même. Mais ensuite, on se rend compte que bien raconter l'action, ça procure aussi des émotions. À soi-même, et aussi à ceux qui écoutent.

Alors on persévère, on écoute les conseils, on tente. On n'est jamais sûr ni d'y arriver ni même d'en avoir les capacités, mais on fonce. Parce que le rêve est plus fort que tout. Et puis parce qu'on a mis les ingrédients qu'il faut (talent, écoute, persévérance, humilité, travail), un jour la bonne opportunité tombe. Et il faut la saisir. Tout comme saisir ensuite les différentes façons de continuer à poursuivre son rêve. Parfois un peu manger son pain noir et rester patient. Et parfois ne pas hésiter à taper fort, quitte à jouer un petit peu des coudes quand la concurrence est rude. À la loyale certes, mais avec personnalité aussi.

« Il faut ce genre de but, dans un derby de Manchester. Il faut ce genre de héros. Et ce héros c'est Wayne Rooney. » Commenter c'est laisser une trace. Ce but de « l'infernal Wayne Rooney* », ou encore les différentes envolées du « génie français » Kylian Mbappé, Stéphane Guy a compris comment apporter sa touche, sa patte, son engagement même dans le commentaire. Et ainsi y amener une âme quand la mode est peut-être à l'aseptisation et à la sobriété. Lui qui a grandi et rêvé avec ceux qui allaient sans doute parfois un peu trop loin dans l'émotion.

Plus de vingt-cinq ans après ses débuts, Stéphane Guy est encore aujourd'hui cet enfant qui rêve quand il rentre dans un stade de foot, et qui se laisse porter aux côtés de son « équipe » par ce rêve quand il prend l'antenne sur un autre de ses gimmicks : « Citoyennes, citoyens bonsoir. »

Stéphane, d'aussi loin que remontent vos souvenirs, que retenez-vous de votre premier contact avec le métier de commentateur ?

---

* Exceptionnel retourné acrobatique réalisé à Old Trafford le 12 février 2011, désigné 2e plus beau but de l'année par la FIFA.

C'est très simple, la première voix qui me revient, c'est celle de Thierry Roland. On voyait très peu de matchs à la télé quand j'étais gamin, et ils étaient tous commentés par Thierry Roland. Séville 82, les finales de Coupe de France… Il était partout.

J'ai toujours adoré le foot. J'aimais beaucoup jouer malgré mon faible niveau, et ayant vite compris qu'il fallait que je vive cette passion autrement, je me suis très tôt rabattu vers le commentaire. J'ai toujours voulu faire ce métier-là, il n'y avait pas de plan B. Et c'est plus lié au vélo et au Tour de France que je pouvais regarder plus facilement en juillet au camping avec mon grand-père sous l'auvent de la caravane. À la radio d'abord, et à la télé ensuite avec Robert Chapatte et Patrick Chêne.

Vous avez donc articulé tout votre parcours d'étude autour de cette ambition de devenir commentateur ?

Oui, c'est exactement ça. J'étais passionné par le Tour de France et Bernard Hinault. Et quand il est devenu champion du monde en 1980, je m'amusais à refaire sa course dans le couloir de la maison. Pour le faire gagner encore, mais surtout pour commenter sa victoire. J'étais très joueur, et avec les billes, commenter Bernard Hinault dans le couloir était mon jeu préféré. Je commentais aussi les buts que je mettais à ma petite sœur dans le salon.

Ensuite, quand j'ai eu l'âge d'apprendre le métier, j'ai tapé à la porte d'Alençon FM pour bosser. Et j'ai eu le bonheur de rencontrer dans ce parcours Jacques Marchand, journaliste à *L'Équipe*, patron de la rubrique boxe/basket/vélo, un intime de Jacques Anquetil et de Marcel Cerdan. C'est lui qui m'a conseillé de toquer à la porte de la radio, et plus tard, c'est aussi lui qui m'a parlé d'une opportunité de piger à Canal + pour une nouvelle émission, « Jour de foot ». Moi, je voulais pas, mais il m'a engueulé, et j'y suis allé sous la menace (rires). J'ai été pris après le casting ; ça a été le début de l'aventure.

C'est donc à ce moment-là que vous réalisez votre rêve, pour un événement spécial...

Exactement. J'ai réussi à arriver là grâce à ma voix, ça m'a permis de démarrer. Et le commentaire arrive en 1998 pour la Coupe du monde. Ça a été une opportunité incroyable, tant les places étaient dures à aller chercher. Les meilleurs étaient là (Gilardi, Margotton, Doucet, Berger, Balbir...).

Pour l'anecdote, en 1998, les matchs étaient commentés pour deux formats. Je faisais chauffeur pour les journalistes qui devaient aller à Clairefontaine grâce au réseau que j'avais acquis, et j'ai commenté une dizaine de matchs de la Coupe du monde pour les gens qui avaient une télévision 16/9e en France. Ils étaient peut-être 1 000 en France (tout le monde était en 4/3), mais j'avais un consultant, un homme de terrain… C'est fou quand même ! Quel bel été ! Après, Michel Denisot m'a embauché en CDI, et j'ai commencé à commenter le foot anglais quasi dans la foulée. Un Leeds-Coventry un lundi soir, je m'en souviens.

Des débuts parfaits, donc…

Oh oui, au-delà de mes espérances. Si déjà j'avais pu suivre le Stade Malherbe de Caen ou la course Paris-Camembert sur Alençon FM, j'aurais été content. Là, c'était incroyable. Un rêve éveillé. Je suis béni des dieux.

On va s'arrêter sur votre expérience de commentateur du foot anglais, et à son explosion aux yeux du public français. C'était pas seulement du foot, non ?

Je dis toujours qu'il y a le foot d'un côté, et le foot anglais de l'autre. Et je dis ça alors qu'au départ je n'ai aucune appétence pour ce championnat-là. Je l'ai découvert avec Cantona et Ginola. À partir de ce premier match à Leeds où je parle pas un mot, je suis tout seul, et j'ai peur de ne trouver ni l'hôtel ni le stade, je flashe sur ce football. Le stade est une maison de famille, les clubs sont ancestraux, donc le moindre affrontement est une histoire, le programme du match est un vrai livret avec plein d'anecdotes... J'ai adoré ça. Ils ont une passion unique, beaucoup d'humour et d'autodérision. Le coup de foudre est immédiat. J'avais une image des Anglais qui découlait du Heysel en 1985, et là tout a changé.

Quand je commente ce championnat pour le public français, il faut l'emmener dans cet univers. Il faut donner les spécificités de ce foot-là. Je me suis mis dans les pas de mes prédécesseurs à Canal. Doucet, Margotton, Radureau l'ont fait, et j'ai suivi leur sillon. Ensuite, j'ai amené ma personnalité et ma passion.

Vous pensez que commenter le foot anglais avant le foot français vous a permis d'avoir une personnalité et un commentaire différents ? D'être en mesure d'amener autre chose ?

Déjà, il faut bien comprendre qu'avec l'escouade de talents qu'il y avait à Canal à cette époque, je n'avais aucune chance de me retrouver sur un match de Ligue 1. Quand je démarre sur le foot anglais, je fais les matchs secondaires, le lundi soir souvent. Et je me forçais pas, j'adorais ça. Prendre l'Eurostar pour aller à Leeds, Liverpool, Blackburn, Southampton..., dans des conditions de travail géniales.

En plus, le rythme du jeu correspondait à ma personnalité au commentaire. Ça allait vite. En Italie, je ne me serais pas éclaté pareil. En Angleterre, on joue pour gagner, et c'est tout.

Comment se passe la transition Angleterre/France ?

Ça se passe par étapes. Canal récupère les droits du match du samedi 17 h de Ligue 1, et Cyril Linette (patron des sports) me propose de le faire. Je refuse, parce que j'étais à fond sur la Premier League. Puis il revient à la charge, et je comprends que je n'aurai pas le choix. On finit donc par se partager les affiches avec Grégoire (Margotton) de 17 h et 21 h Et même si au niveau foot, c'est différent, on est au cœur du truc. Et j'ai aimé rencontrer les acteurs de la Ligue 1. Au fur et à mesure, j'ai fini par me retrouver sur le match de 21 h, à 100 % quand Grégoire est parti sur TF1.

Comment est-ce que vous vous prépariez pour offrir aux abonnés l'expérience la plus complète possible ?

Ça, c'est l'école Canal. Derrière chaque image, il y a une info. Et il faut se préparer, car une fois que le coup d'envoi est donné, c'est trop tard. Je suis de l'école Biétry/Denisot. Les fiches de match pour se préparer, c'est la base. En Angleterre, on nous donne plein de documentation pour préparer un match. En France, moins, parce que *de facto* il y a moins d'histoires. On compense par un accès direct aux acteurs du championnat. On les appelle, et on crée des liens pour se préparer, le tout en n'oubliant pas que le commentaire, c'est décrire, informer, divertir et éditorialiser.

Comment est-ce que vous avez composé entre cette école Canal et la part laissée à l'émotion dans le commentaire ?

Comment dire... J'ai été bercé comme beaucoup par Couderc, Chapatte et Roland. Ils étaient dans l'émotion, mais attention de ne pas les réduire à ça : ils maîtrisaient leur sujet. Canal a révolutionné l'image et le commentaire en y amenant beaucoup d'infos, et peut-être que le risque a été d'aseptiser un peu le commentaire au détriment de l'émotion, je ne sais pas. Avec mon expérience, je pense qu'il faut respecter les quatre piliers dont j'ai parlé juste avant. C'est une histoire d'équilibre entre les quatre. Il ne faut pas en dénigrer un seul, et c'est toute la difficulté du métier. Je suis très fier d'avoir été élève de l'école Canal, tout comme je me suis nourri de Thierry Roland qui a des moments cultes. « M. Foote vous êtes un salaud » est un commentaire génial, comme « Pas toi, Zinédine, pas maintenant ». Thierry Gilardi est un monstre de ce métier, et c'est lui qui me prend en 1994 à Canal. Je lui dois beaucoup, comme Jacques Marchand ou Michel Denisot.

Parlons des réseaux sociaux et de leur impact sur le métier. Vous avez connu toute cette mutation avec l'arrivée des réseaux. Comment le commentateur doit s'adapter à cette nouvelle possibilité pour le public d'être informé ?

Que doit-il apporter de différent ?

(Il réfléchit.) Bonne question, mon capitaine (rires) ! Pour ma génération, le réseau social c'était la rédaction, les collègues. On partait à dix sur les matchs de Ligue 1, et au retour on était impitoyables les uns avec les autres. S'il y avait un raté, un oubli ou quoi, on était très durs. C'était un monde très sévère. Et cette dureté vaut largement celle des réseaux sociaux aujourd'hui.

Après, je dirais que Canal a contribué à l'évolution de la culture foot en France, que RMC y a aussi largement contribué en consacrant la moitié de sa grille antenne au sport, et le dernier jalon, c'est la partie informative qu'on peut trouver sur les réseaux.

Je ne suis pas sur les réseaux sociaux, j'y suis assez peu sensible, même si on peut pas ignorer ce qu'il s'y passe. De toute façon, ça nous revient aux oreilles. Est-ce qu'on a pour autant perdu notre situation prééminente de par ce fait d'être au contact quasi direct du public via ces canaux-là ? Il y a quand même une différence entre un Twitto passionné et nous, c'est que nous, notre métier, c'est le traitement de l'info quand même ! On a une déontologie à respecter, on n'est pas en roue libre quand on travaille.

C'est cette remise en question permanente du public qui marque la vraie différence avec la génération précédente ?

Oui, clairement. Quand j'étais gamin et que je regardais les matchs avec mon père, il me disait en parlant de Jean-Michel Larqué : « Lui, il sait. » Il le vénérait ! Aujourd'hui, ça n'existe plus, ça. L'époque et la société ont changé, et ce qui fait office d'autorité vacille. Je ne suis pas sûr que ce soit très bien. Le type qui consacre sa vie à l'étude de la Chine, il en sait forcément plus que moi, même si le sujet m'intéresse.

En finalité, c'est un conseil que vous donneriez à la nouvelle génération, de bien gérer les réseaux sociaux que ce soit leurs bons et leurs mauvais côtés ?

Aujourd'hui, c'est incontournable, je pense donc qu'il faut le prendre en compte dans l'apprentissage du métier. Pour moi, c'est dépassé, mais pour les jeunes, oui. Et leur expliquer que quand on veut traiter de foot, c'est très bien d'être spécialiste, mais il faut s'ouvrir à d'autres choses. Le cinéma, la culture, la vie et ses subtilités. La passion dévorante et regarder des matchs de foot en permanence, c'est bien, mais il ne faut pas oublier qu'on est journaliste avant d'être journaliste de sport.

Vous avez parlé de votre voix un peu plus tôt. Est-ce que vous travaillez cet outil de travail ? Votre technique, votre timbre, etc. ?

Pas du tout, et je dois reconnaître que c'est une erreur. Et je me le dis régulièrement. Régulièrement, à la fin de mes entretiens annuels à Canal, je notais qu'il fallait que je fasse des formations autour de la voix. Ça s'est jamais fait pour des raisons que j'ignore, et c'est dommage.

En revanche, je me suis réécouté très souvent. C'est fondamental. Au départ, surtout dans mes premières années. Et c'est pas facile parce qu'on n'aime jamais notre voix, mais c'était obligatoire. J'ai beau faire l'objet de beaucoup de critiques, sans doute justifiées, mais la première critique c'est la mienne. Je me suis énormément réécouté. Je le fais un peu moins aujourd'hui, mais je trouve ça très important. Pour m'analyser moi, et aussi le consultant. Ça permet de se régler.

En parlant du consultant justement. Comment voyez-vous cette relation, si importante dans le commentaire ?

C'est vraiment un travail collectif. Et j'inclus aussi le réalisateur, les techniciens, les cadreurs. Le binôme, c'est comme une charnière centrale. On peut avoir deux très bons joueurs qui n'arrivent pas à constituer un duo, un joueur très moyen qui aux côtés d'un autre devient plus fort, et inversement un très bon qui va devenir très moyen. La symbiose avec les gens qui nous entourent est fondamentale. Et moi, ces gens-là ont été mes professeurs de foot. Pour traiter le jeu, et le traitement de l'image.

Raynald Denoueix, Paul Le Guen, Aimé Jacquet, Jacques Crevoisier, Marcel Desailly, Éric Di Meco, Emmanuel Petit... Ils ont évidemment un rôle majeur.

Je pense qu'avec le consultant il faut bien sûr une entente minimale, parce que sur une saison de foot anglais on vit avec le consultant. C'est quarante week-ends complets ensemble ! On n'est pas obligés d'être amis, mais il faut des affinités et être en phase professionnellement. Si on va à Barcelone, c'est pour commenter un match. Pas pour la fiesta d'après ou la visite de la ville. Je peux ne pas coller au mode de vie du consultant, mais une fois qu'on est en place pour bosser, ça doit bosser. Je n'ai pas fait de duos sur la durée avec des gens dont je ne partageais pas l'idée du foot et de la vie.

Raynald (Denoueix) est un conteur de football fabuleux, j'ai adoré commenter la Premier League avec Marcel Desailly aussi, alors qu'on n'est pas construits de la même façon. Il avait cette faculté quand on commentait à se remettre dans la peau d'un joueur de très haut niveau, et c'est très rare. Bon, fallait pas lui demander de trop préparer, parce qu'il découvrait les équipes le jour du match par contre (rires). Mais on a réussi à faire un super duo. Et Paul Le Guen, c'est un ami à la vie à la mort.

Pour terminer sur un souvenir, j'aimerais qu'on parle de ce fameux but prix Puskas 2011. Le retourné fou de Wayne Rooney contre Manchester City dans le derby à Old Trafford. C'est un commentaire de légende. Vous partagez ce point de vue ?

Je pense que c'est ce qu'on appelle un moment de grâce dans le métier. L'affiche du match, le joueur (qui est un joueur fantastique), le stade, l'ambiance… Les mots que je prononce ne sont pas exceptionnels, mais il y a de l'enthousiasme, de l'énergie, et il y a Marcel qui hurle à mes côtés et ça me porte sur ce but. L'angle de vue est important aussi. Parce qu'au moment où Nani centre, je le vois armer, et je ressens que ça va aller au fond. J'étais en phase avec le moment. C'est tellement rare que c'était génial. Et le fait qu'il date de 2011 et pas de 1987, le but repasse tous les ans, et le commentaire ressurgit.

En guise de mot de la fin parce que vous avez un match à commenter tout à l'heure **(*la demi-finale de Champions League Manchester City-Real Madrid,* 4-0)*, que diriez-vous à un jeune qui partage aujourd'hui le rêve que vous aviez lorsque***

vous étiez jeune et déterminé à faire ce métier de commentateur ?

Je dirais pour commencer que c'est un métier absolument formidable. Une vraie source de bonheur pour moi, et un bonheur qui dure dans le temps en plus ! Et surtout, qu'il faut croire en ses rêves. Parce qu'il n'y a aucune raison que le petit Stéphane Guy qui a grandi à Alençon loin du football de haut niveau, des réseaux journalistiques et du monde de la télévision ait pu tracer son sillon et réaliser son rêve sans que ce soit possible pour d'autres dans la même posture de départ. C'est aussi beaucoup de foi, et beaucoup de chance.

CHAPITRE 19

« SECOND POTEAU PAVARD ! »

GRÉGOIRE MARGOTTON

30 juin 2018. Kazan Arena (Russie)

Huitième de finale de la Coupe du monde

France-Argentine (4-3)

Commenter l'équipe de France de football en Coupe du monde sur une chaîne grand public est probablement l'héritage le plus lourd dont on peut hériter. La place la plus sacralisée du métier. Au même titre que la présentation du 20 h de TF1.

Grégoire Margotton, c'est d'abord une voix. Un organe unique, poli au contact des meilleurs, quand Canal + était LE réservoir à talents. C'est aussi une rythmique, une musicalité, qui fait que chaque soirée de match prend une dimension que le match lui-même n'a pas. C'est l'excellence dans la mesure.

C'est une expérience bâtie dans le football, mais aussi dans l'athlétisme. Et même le handball. Cette capacité donc à sortir d'une zone de confort souvent bien douillette.

C'est la fidélité. Un quart de siècle de Canal +, et un chemin qui semble tracé pour n'être stoppé que par l'intéressé lui-même, quand il le souhaitera, sur TF1.

Grégoire Margotton, c'est l'évidence. Ceux qui sont devant leur télévision le 8 novembre 2009 savent.

Ce soir-là, Lyon et Marseille offrent probablement le plus beau spectacle de l'histoire de la Ligue 1, avec un 5-5 resté dans la légende.

D'aucuns diront que c'est ce soir-là que celui qui commente les affiches du dimanche soir a poinçonné son ticket pour passer à l'étage supérieur.

Partons à la rencontre de celui qui incarne le moment ayant regroupé le plus de téléspectateurs (24,1 millions !) dans l'histoire de la TV française : France-Argentine 2022. Ici, c'est un autre France-Argentine qui nous intéresse, tout aussi légendaire. C'était à Kazan en 2018, et les Bleus avaient renversé *l'Albiceleste*.

Tu es la voix de l'équipe de France sur TF1. C'est différent de l'époque où tu étais la voix des gros matchs sur Canal +, on ne s'adresse pas au même public, et ce n'est pas la même dimension...

Sur les grandes compétitions, oui, c'est ma voix et celle de Bixente [Lizarazu] qui restent depuis 2016. J'ai surtout la chance d'être tombé, à l'inverse de Matthieu Lartot au rugby (même si, depuis 2019, ça commence à s'éclaircir pour lui), sur une période bénie de l'équipe de France. Quand on commence une compétition avec les Bleus en ce moment, on se dit : « Tiens, et si on allait jusqu'en demi », et à part l'Euro 2021, c'est le cas. Il y a la conjonction de deux choses : j'ai la chance de commenter ces matchs,

LE BOX OFFICE DU SEMESTRE

BLACK PANTHER
SORTI LE 14 FÉVRIER

READY PLAYER ONE
SORTI LE 28 MARS

TAXI 5
SORTI LE 7 AVRIL

AVENGERS : INFINITY WAR
SORTI LE 25 AVRIL

OPÉRATION BEYROUTH
SORTI LE 30 MAI

« Il faut de tout pour faire un monde, mais c'est vrai que dans une époque où on ne ressort que le clash et le bad buzz, ça fait du bien d'avoir un peu de Chabat de temps en temps. »

et, qu'en plus, l'équipe de France soit de très bonne qualité. C'est peut-être pour ça qu'on reste aussi plus facilement dans la tête des gens.

Cette Coupe du monde en Russie n'est pas la première pour toi globalement, mais la première en tant que voix des Bleus sur TF1. Est-ce que ce changement de rôle a modifié tes méthodes de préparation d'une grande compétition ? Est-ce que tu as fait évoluer ces méthodes ?

Je n'ai tout simplement jamais changé de méthode, et je n'en changerai jamais. La différence est que, sur certaines compétitions, j'ai plus de temps pour me préparer en amont. C'est le temps qui fait office de variable. J'ai appris une méthode il y a trente ans maintenant quand je suis arrivé à Canal +, et elle est toujours restée la même. La façon d'aller chercher les infos a changé, forcément, vu qu'en 1992, on n'avait pas Internet. Donc, si je voulais des infos sur l'Arabie saoudite… à moins d'aller à l'ambassade, je n'avais pas trop de choix ! [Rires.] Aujourd'hui, en trois clics, si je sais où chercher, je trouve tout ce dont j'ai besoin. Les tuyaux ont changé, mais la façon de bosser, non. J'écris toujours dans mon cahier, match par match. Avant, j'avais des fiches volantes, mais je voulais les conserver. Le cahier me sert donc parfois des années après pour retrouver des infos. J'écris, je n'utilise pas l'ordi, parce qu'écrire me donne l'impression de déjà rentrer dans mon cerveau.

En 2018, tout le monde est dans sa bulle, l'équipe de France est à Istra [en Russie, à une soixantaine de kilomètres de Moscou, NDÉ] au milieu de nulle part. Pour aller chercher des infos directement à la source, ça ne doit donc pas être évident.
La proximité avec les sportifs a bougé aussi, non ?

À l'époque de Thierry Roland, tu étais dans les vestiaires après le match, tout le monde avait rendu l'antenne, et il n'y avait pas d'après-match. « Allez, fin du match de l'équipe de France, bonne soirée. » Point. Tu descendais et tu allais fumer une clope

LA PLAYLIST DU SEMESTRE

« FLAMES »
DAVID GUETTA & SIA

« HAVANA »
CAMILA CABELLO

« KATCHI »
OFENBACH

« GOD'S PLAN »
DRAKE

« KID »
EDDY DE PRETTO

« LA MÊME »
GIMS FEAT. VIANNEY

« BOB MARLEY »
DADJU

« X »
NICKY JAM & J BALVIN

« ONE KISS »
CALVIN HARRIS & DUA LIPA

« MY LIFE IS GOING ON »
CECILIA KRULL

« Shakira 2010, c'est la seule qui me reste, c'était la moins mauvaise. »

avec Platini aux vestiaires. J'exagère à peine. Deuxième époque, celle que j'ai connue quand je suis arrivé dans ce métier, où on était en contact avec les joueurs : avant, après, à l'extérieur, pas de communication personnelle ni de réseaux sociaux, pas de conseillers en communication comme ils en ont tous aujourd'hui... Une époque hyper agréable où tu allais à Clairefontaine ou dans les clubs pour discuter directement et tranquillement avec les joueurs. Une relation de confiance que j'ai connue jusqu'en 2000-2005. Et ce, même dans les grands clubs. J'ai attendu le bus de Manchester pour pouvoir parler avec Cantona, il venait même 10 secondes, mais il y avait quelque chose. Aujourd'hui, c'est terminé. En Russie, je n'ai pas vu un joueur de l'équipe de France à moins de 50 m de moi pendant un mois. Ça ne me manque pas, c'est comme ça. On n'a plus le même rapport. Certains ont des infos via l'agent ou la famille qui va se confier. Mais, finalement, ça donne comme en 2022 des « on dit », des mystères, etc. Il y a moins ça en 2018, mais un peu quand même. Aujourd'hui, tu te sens proche du joueur quand tu es abonné à ses comptes. C'est peut-être ça, l'avenir. Et ça fait partie des dangers pour les journalistes, au même titre que les créateurs de contenus qui font le boulot de journalistes. Ce sera au public d'avoir la culture pour faire le choix entre une info A ou B. C'est ce qu'on apprend maintenant aux futurs journalistes.

Qu'est-ce qui remonte en toi lorsqu'on t'évoque le France-Argentine de 2018, et bien sûr ce fameux but du 2-2 ?

Ce qui me revient en tête, c'est qu'excepté le match France-Argentine en 2022, c'est le match le plus abouti dans tous les sens du terme que j'ai vécu à TF1, de loin. Ce qui me revient en mémoire, c'est un grand match. Une journée magnifique avec un grand soleil. Ce qui me revient en mémoire, c'est qu'on commence à basculer vraiment dans notre compétition avec Bixente sur ce match-là. Et ce qui me revient en mémoire, c'est de ressortir de ce match avec le sentiment du travail bien fait, avec le sourire. Croiser des gens heureux, Bixente, heureux. On était tous heureux en se disant : « Wow, on vient de vivre un magnifique combat de boxe, on était au bord du ring, et on a peut-être un peu contribué à ce que le combat soit de qualité aussi. » C'est cet ensemble de bonnes choses qui me revient en mémoire.

L'équipe de France sort d'un premier tour moyen, mais tout de même première de son groupe. Comment est-ce que vous arrivez sur ce huitième de finale, avec une Argentine pas au top non plus ? C'est du 50-50 ?

C'est exactement ça, on se dit que l'Argentine n'est pas au mieux, qu'elle n'a pas fait un gros premier tour, et que notre ami Jorge (Sampaoli) n'a pas encore trouvé le truc. Et puis, on se trompe, comme d'habitude, parce que dès le début on sent que ça va exploser dans tous les coins. Dans le stade, c'est très déséquilibré parce que 75 % du stade est argentin. À Kazan, ce jour-là, nous sommes en Argentine ! Ce que tu ressens, c'est que notre équipe est assez solide et qu'eux, ils ont des faiblesses. Est-ce que ça suffira ? On mène 1-0, on ne gère pas trop mal Messi. Mais, à la mi-temps, il y a 1-1, parce qu'on a laissé frapper Di Maria. On n'est pas trop inquiets, parce qu'ils ont de vraies faiblesses, et nous, on a de vraies forces. Et puis, ce con (sic) de Mercado dévie une frappe de Messi... Notre équipe monte, monte, mais c'est l'adversaire qui frappe. Et là, BAM ! Ils mènent 2-1. Comme en boxe, on est par terre, ça compte, on se relève. À partir du deuxième but argentin, ce match devient violent. C'est à la hauteur de ce que j'ai vu sur le 5-5 entre Lyon et Marseille en Ligue 1, sur le Liverpool-Milan de 2005, ou sur la finale de la Coupe du monde 2022. Cette violence-là, elle est exceptionnelle. Elle fait lever le stade quand il y a 2-1 pour l'Argentine, elle le fait se rasseoir sur le but de Pavard. C'est plus qu'une clim. C'est exceptionnel. Et c'est cette violence-là qui fait le très, très haut niveau et la très grande émotion quand tu es au stade, que tu commentes l'événement ou que tu le vis devant ton écran.

Neuf minutes après le but de Mercado, il y a cette passe de Matuidi pour Hernandez. Raconte-moi cette action, Grégoire, parce qu'on a lu et entendu beaucoup de choses. C'est quasiment impossible (et d'ailleurs, on ne le voit pas à l'image) qu'un latéral gauche centre au second poteau pour le latéral droit...

Ce qui est sûr, c'est qu'ils ne paniquent pas. J'ai revu le match plusieurs fois, et la preuve, c'est que si c'est ton latéral droit qui réceptionne le centre de ton latéral gauche, c'est que les types y croient toujours.

Il est quand même un peu raté, le centre de Hernandez, non ? Il n'y a personne à la réception, la balle est un peu touchée, ça passe à travers deux ou trois Argentins...

Il est raté, oui et non. Quand tu le revois, il passe au-dessus du premier défenseur, puis d'un deuxième, et même un troisième qui le manque... et, tu vois, c'est là où je trouve que le commentaire est réussi, car le premier mot du commentaire est avant le rebond. C'est Bixente Lizarazu qui dit « Allez ! ». Et ça traduit ce que tout le monde pense derrière son écran : « Allez... vas-y, tente-la, garçon. » Ça dure une demi-seconde. Allez... Et puis après...

C'est fou, parce que ce « Allez ! », il le ressort en 2022 au moment de la remise de Thuram sur le deuxième but de Mbappé. Quelques instants avant la reprise. Comme quoi...

C'est la preuve que le consultant est dans l'action. Il n'est plus trop dans la raison, mais dans l'émotion qu'il vit, parce qu'il a vécu ces sensations comme joueur de haut niveau. Moi, je suis là pour décrire l'action, le geste. Et pour donner (ou pas) de l'émotion aux 5-10 secondes qui suivent l'action. Quand le ralenti arrive, logiquement, le consultant a retrouvé un peu de raison. Il est allé au-delà de son « Allez ! » et de son cri, et il doit nous expliquer pourquoi ça a fonctionné, pourquoi ça s'est passé.

On sent que c'est réglé comme du papier à musique. Comme une illustration de vos automatismes…

On a beaucoup de chance. Il faut dire les choses telles qu'elles sont. Son « Allez ! », je ne le bouffe pas ; le « Second poteau Pavard », il ne me le bouffe pas ; le « Aaaaahhhh », on est ensemble, et ça dure le même temps… C'est presque musicalement un truc intéressant, parce qu'on n'est pas dans le même ton, mais ça ressemble presque à une tierce, ça se complète. Puis je dis « Nacho… » parce que je repense à ce mec, et puis je retombe sur mes pieds parce que je me dis « Mais qu'est-ce que je compare ça à Nacho ? Non, c'est pas Nacho ! » Et on repart sur un truc avec Bixente, qui reprend derrière avec un sanglot dans la voix. On ne se bouffe pas, il se passe plein de choses. Ce n'est pas un grand commentaire, mais il est bien fait, avec une bonne musicalité, sur une action de légende. Et c'est pour ça que ça devient un commentaire de légende, alors qu'il n'a rien de légendaire en soi. Tout est dans le ton. Toute action légendaire est accompagnée d'un commentaire qui devient légendaire. Ce n'est pas le commentaire qui fait la légende d'une action. Le seul commentaire qui se passe de l'action, c'est celui qui vient après, ou genre « On peut mourir tranquille » ou le « Pas toi, Zinédine ». Là, on est sur autre chose.

À quel moment tu comprends que ton commentaire sur le but de Pavard va rester ?

Comment réagis-tu au buzz que ça crée ?

Je ne réagis pas du tout à ça. J'en prends conscience très tardivement, parce que je crois que ça a commencé à rester une fois la Coupe du monde passée. Je ne sais pas trop quoi dire là-dessus. Ça me fait sourire aujourd'hui. Me dire que « Second poteau Pavard » est un truc qui va rester dans la tête des gens, ça fait plaisir, que te dire d'autre ? Entendre des gamins me demander : « Eh, vous me faites "Second poteau Pavard" ? », à un moment ça me saoule, mais ça me fait plaisir aussi ! C'est plaisant de voir sa voix associée à un moment positif de l'histoire de l'équipe de France. Ça me fait plus plaisir à moi qu'à Benjamin Pavard, le pauvre. Parce que, lui, ça lui met une sacrée pression. Pas le commentaire seul, mais ce geste, et donc le commentaire qui lui est associé. C'est sans doute plus difficile à vivre pour lui que pour moi. Moi, ça me fait rire : y a eu des affiches, un site, et même un Wikipédia « Second poteau Pavard » ! C'est improbable, quoi. J'aurais 20 ans, je dirais que je suis le meilleur du monde. J'ai 50 piges, donc ça me fait sourire. Et puis, je préfère rester pour quelque chose de positif comme ça que pour un truc négatif.

Comment est-ce que tu gères le fait de laisser quelque chose ?

Je ne cherche pas à laisser une trace, je cherche juste à faire le métier que j'aime le plus longtemps possible. Et si on me dit : « Margotton, tu m'as inspiré parce que je trouve que tu bossais bien », ça me suffit, je n'en veux pas plus. Quand certains de mes confrères commentent un événement ou présentent un truc, et que le plus important, c'est la phrase qu'ils ont déjà préparée depuis trois semaines, voire leur propre personne au détriment de ceux qu'ils invitent ou des sportifs à leurs côtés, je me dis que je n'ai pas la même conception du métier qu'eux. J'espère garder cette conception du métier qui m'est propre le plus longtemps possible. À la limite, ça me rappelle que j'ai eu la chance de faire vivre aux gens des moments importants. Moi, j'étais là, pas un autre, et j'ai eu cette chance-là. C'est l'événement qui est important, pas moi. Je disparaîtrai dans le néant, et ce sera très bien comme ça. Et si le pauvre parcours professionnel qui aura été le mien inspire au mieux de la considération et un peu de respect, ce sera déjà magnifique. Comme j'ai beaucoup de respect pour le parcours de mon père, prof, j'espère avoir été dans l'excellence du travail que je pouvais apporter, et c'est tout. Je suis content de participer à cette histoire-là, je ne suis pas LE commentateur comme Thierry Roland, je suis UN des commentateurs. Matthieu (Lartot), Julien (Fébreau) donnent envie à plein de gamins d'exercer ce métier. Si moi aussi je donne un peu envie aux gamins d'embrasser cette profession, c'est déjà pas mal.

ACTU MÉDIA

Le duel *TPMP-Quotidien* est déjà très haut dans les tendances. Et la guéguerre est déjà palpable entre les deux animateurs leaders de l'access prime time. Le canal 23 est renommé RMC Story, et après avoir atteint des scores vertigineux, les grandes chaînes voient leurs shows vedettes perdre en puissance d'audience (*Koh Lanta, The Voice, Danse avec les stars...*). En 2018 et plus que jamais, le buzz est l'ingrédient clé d'une recette menant vers des parts de marché importantes. Parfois au détriment du fond, et clivant encore un peu plus les différents états d'esprit. Cyril Hanouna, Éric Zemmour et Charles Consigny forment le trio de tête des personnalités faisant l'objet du plus grand nombre de plaintes déposées auprès du CSA.

C'est au courant de l'hiver 2018 aussi que l'on apprend que le légendaire *Burger Quiz* va faire son retour 16 ans après son arrêt sur Canal +. Ce sera sur TMC en prime time. L'effet est immédiat : 2,3 millions de téléspectateurs pour la première diffusion le 28 avril 2018. L'humour à la Chabat, la liberté de ton, le casting, les vannes... Le retour du *Burger Quiz*, c'est une bouffée de rire de retour dans le PAF.

LES AUTRES SPORTS

En février 2018, l'Olympe est définitivement la demeure de Martin Fourcade qui, pour ses derniers J.O., devient le Français le plus titré de l'histoire des

Jeux. Trois breloques en or, plus les deux de Sotchi qui font cinq, le Catalan rentre définitivement dans la légende. Une fois n'est pas coutume, le tennis se pare de bleu blanc rouge, et à Roland-Garros, s'il vous plaît. Certes ce n'est pas en simple, mais Pierre-Hugues Herbert et Nicolas Mahut triomphent en double. Et c'est déjà très bien. Pour Sébastien Ogier, tout roule également en WRC. En Formule 1, les promesses commencent à poindre avec la progression du jeune Pierre Gasly. Du côté des sports collectifs, les Experts butent en demi-finale de l'Euro de hand, un an après le fabuleux titre mondial à Bercy. Cela dit, ils ont quand même le droit de perdre de temps en temps. Indulgence. Pour le basket, le rendez-vous est pris pour la fin d'été avec la fête pour dire au revoir à Boris Diaw. L'un des derniers tauliers de la génération Parker tire sa révérence le 2 juillet 2018. Pour la compétition, les regards sont tournés vers la Coupe du monde 2019.

« On a tellement de champions un peu partout. Quand tu regardes Fourcade, par exemple, c'est énorme, les filles du hand aussi championnes du monde fin 2017... C'est marrant, on est quand même un pays de très haut niveau. On n'est pas un pays de sport de masse ou de grosse culture sport, même si c'est mieux aujourd'hui qu'en 1992 à mes débuts. »

G. MARGOTTON

CHAPITRE 20

« ELLE EST LÀ, LA LIGNE DROITE ! JULIAN, CHAMPION DU MONDE ! »

ALEXANDRE PASTEUR

27 septembre 2020. Circuit d'Imola (Italie)
Championnat du monde de cyclisme sur route
J. Alaphilippe (1), W. van Aert (2), M. Hirschi (3)

Comment mesure-t-on la popularité d'un sport ?

En volume de licenciés, le foot et le rugby mènent le bal... et de loin ! Prenons un second indicateur, celui des audiences télé. Là encore, *statu quo*. Mais la popularité ne se mesure-t-elle pas autrement ?

Quel sport permet au grand public d'avoir accès aux meilleurs gratuitement, au plus près de l'action et du spectacle ?

Le cyclisme offre cette proximité, quelle que soit la course. Le spectateur, le public font partie du décorum au même titre que dans les autres sports. Mais comme va le dire si bien Alexandre Pasteur, ici, c'est l'événement qui part à la rencontre des gens, et non l'inverse.

La légende du cyclisme est une légende populaire. Les cols envahis par le public sont aussi célèbres que ceux qui les ont gravis avec succès. N'oublions pas 1949 et la première épreuve sportive commentée en direct : le Tour de France.

On a déjà évoqué l'héritage lourd à porter quand on accompagne le foot et le rugby. Pour le vélo, il y a un rapport fusionnel peut-être encore plus fort avec ce qui est raconté. Parce qu'on a envie de voir notre village, notre ville, notre région sublimés lorsqu'ils apparaissent à l'image. Le vélo, c'est l'intime, c'est la famille, c'est le terroir. C'est une somme d'éléments qui touchent directement le cœur qu'on veut retrouver à l'antenne.

La mission d'Alexandre Pasteur, la voix du cyclisme sur le service public, est donc immense. Indirectement, elle va faire partie du patrimoine populaire.

Alexandre, un premier sentiment quand on te parle de cette course d'Imola 2020 ?

Je dirais le sentiment d'une journée parfaite. Sur le vélo et au commentaire. Parce que tout s'est déroulé comme on l'avait imaginé. Le scénario était écrit, et Julian l'a déroulé à la perfection. Donc oui, un sentiment de plénitude et beaucoup d'émotions. L'émotion de Marion qui ne pouvait plus parler, et qui nous lâche à peine la ligne d'arrivée franchie pour aller retrouver Julian évidemment. Et j'ai une phrase qui me revient dans ce commentaire. On est à deux ou trois kilomètres de l'arrivée, Julian va entrer sur l'autodrome d'Imola, là où est juchée l'arrivée de la course. Moi, je suis au comble de l'excitation bien évidemment, parce qu'on est sous tension.

LE PLATEAU SÉRIES

PAS DE CINÉ, C'ÉTAIT COVID

SPACE FORCE SAISON 1
MAI 2020 SUR NETFLIX

VALIDÉ SAISON 1
MAI 2020 SUR MYCANAL

H L'INTÉGRALE
JUIN 2020 SUR NETFLIX

LUCIFER SAISON 5
AOÛT 2020 SUR NETFLIX

THE BOYS SAISON 2
SEPTEMBRE 2020 SUR PRIME VIDEO

« Je suis historien de formation et passionné par les deux guerres. Je regarde donc beaucoup de films autour de la Première et de la Deuxième Guerre mondiale. Sous tous les angles. »

Ça fait quinze kilomètres que Julian est seul en tête, mais avec seulement quinze ou vingt secondes d'avance sur un groupe où il y a quand même Roglič, van Aert, Hirschi, Kwiatkowski... Et puis, tout à coup, Jaja (Laurent Jalabert), avec son flegme habituel, me sort une phrase extraordinaire à l'antenne dont on reparlera.

Comment tu jauges la popularité du cyclisme tout au long de l'année ?

La jauge, c'est le public. Avec les audiences déjà. Chaque année, c'est un miracle renouvelé. Avec des parts de marché de plus de 50 % pendant trois semaines pour le Tour, des pics à plus de 9 millions en pleine après-midi sur des arrivées en montagne, la popularité se mesure déjà comme ça. Et puis, bien sûr, le monde au bord des routes. Il y a une phrase de Christian Prudhomme que j'aime beaucoup, c'est : « Le Tour de France de mes rêves, c'est celui qui passe devant chez moi. » Je pense que tout est dit.

Alex, il y a un truc que tu as dit en introduction sur lequel j'aimerais qu'on revienne. Quand tu prépares Imola 2020, tu as déjà cette idée que Julian Alaphilippe peut devenir champion du monde ?

On repère le circuit le samedi, veille de course. Carnet de notes, et on relève les points chauds. Il est long de 28 km, ce qui est deux fois plus long que la plupart des circuits de championnats de monde. Départ et arrivée sur l'autodrome d'Imola qui est un lieu mythique. C'est là qu'Ayrton Senna est mort en 1994 ; c'est un lieu un peu habité, je dirais. Et on repère ces deux bosses. La première dont j'ai oublié le nom, et la deuxième, la côte de la Gallisterna qui monte par palier. Et nous, en voyant ça, on se dit de suite : « Une bosse comme ça, c'est pour Julian. »

Grâce à Laurent Jalabert et Marion Rousse, vous avez un plus unique : un accès privilégié à l'équipe…

LA PLAYLIST

« LEVEL OF CONCERN »
TWENTY ONE PILOTS

« STUCK WITH U »
ARIANA GRANDE & JUSTIN BIEBER

« LOSE SOMEBODY »
KYGO & ONE REPUBLIC

« NOS CÉLÉBRATIONS »
INDOCHINE

« CONTROL »
ZOE WEES

« JERUSALEMA »
MASTER KG

« JOLIE NANA »
AYA NAKAMURA

« GOLIATH »
WOODKID

« BANDE ORGANISÉE »
JUL, SCH, KOFS, NAPS, SOSO MANESS, ELAMS, HOUARI ET SOLDA

« DYNAMITE »
BTS

« Je suis complètement décalé avec ce qui passe sur les lignes d'arrivée des courses. On chante beaucoup avec Laurent Luyat sur le Tour de France, et c'est plutôt du Michel Sardou ou du Joe Dassin pour se détendre. »

C'est vrai, tu as raison, mais on n'abuse pas de cette situation-là. J'ai une anecdote sur Imola, que je n'ai jamais racontée. Dimanche matin, jour de course, on arrive un peu avant le départ à 10 h. Julian arrive et aperçoit Marion qui est à côté de moi. Il vient nous voir, et avec Marion, ils se mettent à discuter. Il lui explique qu'il est emmerdé parce qu'il n'a plus de batterie dans son dérailleur. Finalement, il est obligé de changer de vélo parce que le mécano avait oublié de lui remplacer la pile de la batterie du dérailleur pour passer les vitesses. T'imagines si ça lui arrive à 30 bornes de l'arrivée...

Plus globalement, comment tu prépares la course ?

J'ai tout simplement ma start list, que j'imprime en format A3. Avec Marion, on prend un surligneur chacun et on met en valeur les favoris, les outsiders, les sprinteurs, les puncheurs, les mecs en forme, les mecs qui marchent pas... Après, j'ai aussi des sites de référence qui me donnent accès à des bases de données super intéressantes, mais j'inonde pas de chiffres ou de stats. Je regarde toutes les courses de vélo, et surtout celles que l'on ne diffuse pas. C'est un travail annuel, constant. Et franchement, comme c'est ma passion de suivre tout ça, je prends un plaisir fou.

Si un jeune commentateur venait te voir pour te demander quoi faire pour améliorer sa voix, tu lui répondrais quoi ?

Qu'il n'y a rien à faire. Déjà, il n'y a pas de belle et de vilaine voix. Il y a des voix dont on se souvient. Quelle que soit la texture, la tonalité, et tout. Dans ma jeunesse, j'écoutais Europe 1. C'était une tradition familiale. Et il y avait un présentateur météo sur Europe 1 qui s'appelait Albert Simon. Il avait une voix qui n'était a priori pas dingue, nasillarde, et tout. Mais on s'en souvient, c'était LA voix de la météo. Belle, pas belle, on s'en fout. On s'en souvenait, tout simplement.

Allez, revenons à Imola. Comment est-ce que tu gères les moments forts, les moments faibles, les moments où il ne se passe pas grand-chose, mais où il faut garder quand même le téléspectateur alerte ?

Ça, c'est un aspect très intéressant. C'est le sport où on ne peut pas se passer d'un consultant parce que 4 heures minimum de direct, au bout d'un moment, on endort et on emmerde le monde, alors que c'est évidemment pas le but. Avec des consultants, on peut échanger, faire du ping-pong encore plus que dans les autres sports. Donc je distribue la parole, et on fait aussi en sorte de pouvoir se marrer un peu. Sur 6 heures de direct, ça fait pas de mal si on le fait intelligemment.

Et donc, pour faire la jonction si je dois rester dans le vocabulaire vélo...

Ah oui, elle est belle ! Accordée ! (Rires.)

Merci ! Donc quand on arrive sur un championnat du monde, le ton change un peu forcément...

Oui, bien sûr, forcément. Ce sont les équipes nationales, déjà. Il y a une petite dose d'adrénaline en plus sur des Mondiaux parce qu'on sait que ça va pas être une course ordinaire. Les coureurs n'ont pas les oreillettes, ils courent sous le maillot de leur pays, avec des gars qui sont d'habitude leurs adversaires. Donc, oui, c'est une course unique, la course à l'arc-en-ciel. Elle a un côté sacré. Et puis, elle a rythmé ma jeunesse, cette course. Mon plus grand souvenir en tant qu'enfant devant la télé, c'est la victoire de Bernard Hinault à Sallanches en 1980. Pour moi, c'est encore plus fort que le Tour.

Est-ce que vous préparez les gens à l'attaque française au risque de se planter et qu'elle n'ait pas lieu ?

Nous, on sait qu'il va attendre le dernier tour pour y aller, Julian. Le seul moment de doute, c'est quand Pogačar attaque à deux tours de l'arrivée. Il fait plus d'un tour et demi tout seul. Et nous aussi : « Merde, c'est Pogačar, quand même ! » Heureusement, les Belges roulent derrière pour van Aert, et ça permet de reprendre Pogačar à l'amorce du dernier tour ; tout rentre dans l'ordre. Mais léger moment de doute qui, je crois, ne s'est pas entendu à l'antenne.

Dernier tour, et Julian attaque. Il part, il creuse un petit écart, mais pas suffisant pour être tranquille. Comment est-ce que tu gères ta montée en intensité et en émotion ?

Ce qui nous guide, ce sont les écarts. Donc, on maintient le suspense. Pendant 10 km, on est dans l'incertitude. Et ça reste entre 15 et 20 secondes maxi ! À un moment, je me dis : « Il va se faire reprendre », parce que vu la qualité des mecs derrière, s'ils s'entendent, ils vont forcément revenir. Et en fait, non, ils ne reviennent pas. Et je ne sais pas si tu te souviens, mais il y a ce travelling-là, ce plan magnifique de la réalisation avec l'hélico qui est vraiment presque à hauteur d'homme. En voyant Julian comme ça, on se dit qu'on vit un truc fou porté par des images sublimes.

Est-ce que vous êtes stressés ou tendus au vu du moment que vous êtes en train de vivre ?

Oh oui, énormément. On réussit, je pense, à bien le dissimuler à l'antenne, mais oui, on est tendus. On a envie qu'il aille au bout parce qu'il a tiré sa cartouche, et s'il est repris, c'est terminé. Van Aert est plus rapide au sprint, donc c'est plié. Mais ouais, beaucoup de tension.

Tu anticipes un peu ce que tu vas dire au moment où Julian va franchir la ligne ?

Absolument pas. À aucun moment je me prépare à quoi que ce soit. À la limite, j'essaie d'imaginer tous les types de scénarios qui peuvent se produire :

Julian qui gagne, Julian qui se fait reprendre... Encore une fois c'est la course qui dicte le commentaire et pas l'inverse. Moi, j'avais qu'une hantise, c'est que Roglič mette un gros relais pour ramener van Aert. Ils ont pas le même maillot ce jour-là, mais ils ont le même employeur à l'année. L'histoire de cette course étant truffée de petites et grandes trahisons, ça s'est déjà vu, bah on s'attend à tout jusqu'à ce qu'il arrive sur l'autodrome.

Arrive cette dernière ligne droite, Marion qui ne peut plus parler, et Julian qui gagne... Ça fait beaucoup !

Oui, c'est clair, et d'ailleurs, je sais plus trop comment j'ai géré ça. Il y a de l'émotion, ça, c'est sûr. Je crois que je lui dis de lever les bras parce qu'il est champion du monde, mais j'ai pas revu la séquence. J'ai le souvenir d'Hinault à Sallanches, c'est un truc tellement fort pour moi, je revis des moments d'enfance, c'est hyper fort. Il est tout seul, il y a cet autodrome vide, puisqu'il n'y a pas de public à cause de la pandémie. Il y a un côté mystique dans cette arrivée, j'ai adoré le moment.

Le moment où on perd Marion Rousse en route est un moment rare à la télé. Tu as dû composer finalement avec ta consultante qui ne peut plus parler...

Ah oui, quel moment ! Marion, on la perd déjà un peu à 17 km de l'arrivée. Plus les kilomètres passent, plus Marion s'éteint, parce qu'elle est rongée par le stress. Ça donne une dimension très humaine au commentaire, parce que même les téléspectateurs se rendent compte qu'on perd Marion. Et c'est là où je reviens sur la phrase de Jaja : « Ça va Marion ? » avec son accent de Mazamet. Moi, j'ai envie d'exploser de rire, parce que c'est tellement déconnecté de ce qu'on est en train de vivre. Mais il prend le temps de l'intégrer quand même au moment, et je trouve ça touchant. D'ailleurs, c'est devenu un running gag entre nous. Jaja, il est indestructible, et je sais que je pourrai toujours m'appuyer sur lui. C'est ma béquille ; il est toujours là au soutien.

Tu as conscience que tu fais vivre un moment d'histoire du sport ?

Oui, mais bon, là c'est moi, ça aurait pu être un autre. Encore une fois, ce que j'ai dit ou pas dit, c'est pas ça qui compte. Pour le grand public, ça marque. Après voilà, y a pas de dimension sacrée dans ce que j'ai dit. J'ai commenté le titre de Julian, j'en suis heureux, mais je suis surtout heureux qu'il ait fait plaisir à beaucoup de Français dans cette année 2020 pas facile.

Pour élargir, j'aimerais que tu me parles de ce poste dont tu as hérité...

(Il coupe.) Oh lala, oui ! Alors, là... Je suis arrivé à France Télévisions en avril 2017 et j'ai commenté mon premier Tour en juillet 2017. Et là, on arrive au départ du Tour à Düsseldorf en Allemagne, et la veille, je suis pris un peu d'un grand vertige en me disant : « Putain, mais demain tu vas t'asseoir dans le fauteuil de Robert Chapattte, de Jean-Michel Leulliot, de Daniel Pautrat, de Patrick Chêne, de Christian Prudhomme... Et demain, c'est ton tour, mon gars ! » Il a fallu prendre un peu de recul par rapport à tout ce qui se disait sur les réseaux sociaux, parce que c'était pas très agréable, mais c'était aussi le reflet de mes performances à l'antenne où je me trouvais pas bon. Heureusement, mes patrons m'ont maintenu leur confiance. Mais, oui, le Tour 2017... Et puis, je me sentais épié, traqué en interne. En externe forcément avec le tribunal immédiat que sont les réseaux, mais même en interne, c'était difficile.

Dans une posture de spectateur et d'amoureux du sport, il y a des phrases qui te sont restées en mémoire ?

Bien sûr, il y a des phrases qui m'ont touché. Ce qui m'a marqué dans ma jeunesse, c'est une phrase en particulier. C'est mon plus grand souvenir de téléspectateur, j'avais 11 ans et demi, c'est la demi-finale

France-RFA de 1982 à Séville. Et ça a marqué toute une génération.

J'adorais le foot à l'époque, et Larqué qui répète : « En retrait pour Giresse » Larqué, il a tout vu, alors qu'à l'image on voit rien. « En retrait pour Giresse », et là... papapa !!! J'adore aussi les jeux de mots d'Alex Boyon. « Il a Laure autour du cou » en 2012, c'est fabuleux, ça !

Parfois les commentateurs cherchent LA phrase ultime. Tu l'as eu, ce moment ?

Non, je l'ai pas eu, et je ne cours pas après, c'est pas un objectif. Je me laisse guider par l'action et par l'émotion. Je sais qu'il y en a qui travaillent leurs punchlines, moi je trouve ça naze. Je trouve aussi qu'on sacralise des trucs qui n'en valent pas la peine.

Est-ce que tu penses à la trace que tu vas laisser, Alex ?

J'ai su très jeune que je voulais devenir journaliste sportif, c'était ma passion. J'étais un dingue, un taré de sport, et dès l'âge de 10 ans, je savais exactement ce que je voulais faire de ma vie.

J'essaie juste d'accompagner au mieux tout ça, ce cycle dans lequel je suis, avec un maximum de plaisir.

L'ACTU

Dans cette année 2020 marquée par la pandémie, les confinements et déconfinements et les différentes interdictions et restrictions, on a vu émerger et exploser un nouveau modèle de consommation, dont l'intitulé s'est imposé dans le langage courant : le distanciel.

De la télé en distanciel, avec des concepts comme *Tous en cuisine* et Cyril Lignac qui fait cuisiner les stars de chez elles. Des spectacles en distanciel et même interactif, comme *Connexions* d'Éric Antoine.

Souvenons-nous de cette période où on a pris l'apéro en distanciel, ou on a fait du sport en distanciel grâce à des applis spécialement créées pour ça. Et si le retour du présentiel a fait office de bouffée d'air frais, cette période aura marqué un tournant, même au travail. En 2023, 47 % des entreprises utilisent le télétravail. Plus du double par rapport à 2019. Un vrai marqueur d'époque, cette année 2020.

LA FRANCE, PAYS DE SPORT À L'ARRÊT

C'est l'une des spécificités françaises de cette drôle de période Covid. Car si tout le monde s'est arrêté en février et mars pour laisser passer une première vague anxiogène et meurtrière, nos voisins européens (excepté la Belgique) ont repris le chemin des terrains pour terminer une saison pas comme les autres.

Les Anglais, par exemple, ont vu Liverpool remporter la Premier League pour la première fois depuis 30 ans. En Espagne, Italie, Allemagne, les différents championnats domestiques ont fini par reprendre, et ce quel que soit le sport. À noter d'ailleurs, les imaginations différentes selon les pays pour diminuer l'effet du huis clos (bruits de public inspirés du jeu FIFA, faux public rajouté à l'image en Espagne pour atténuer l'effet tribunes vides…).

Dans l'Hexagone, on n'attend pas, la décision est prise dès l'annonce du premier confinement le 12 mars 2020. Tout s'arrête. Le PSG se retrouve donc champion de France à 10 journées de la fin, et le Bouclier de Brennus se retrouve sans détenteur. Finalement, seuls Paris et Lyon en foot reprendront le chemin des terrains pour disputer le Final 8 de la Champions League en août.

CHAPITRE 21

LE COMMENTAIRE VU PAR...

MARION ROUSSE

Dans la grande histoire du commentaire, peu sont ceux à qui on peut attribuer une évolution marquante du métier. Pierre Albaladejo a inventé le poste de consultant. On peut sans problème affirmer que Marion Rousse l'a fait basculer dans une ère nouvelle.

Imaginez-vous. Auréolée de son titre de championne de France de cyclisme, elle déboule comme un météore dans le PAF, sur Eurosport à 22 ans. À un âge où normalement on étudie, si on n'est pas un sportif de haut niveau.

Marion Rousse détonne tout de suite. Elle a quelque chose en plus. Non seulement cette capacité à encaisser le scepticisme, mais surtout l'apport de la meilleure des réponses : la compétence.

Car en matière de vélo, elle sait de quoi elle parle. « Elle est incroyable, elle arrive à reconnaître les mecs rien qu'à leur coup de pédale. C'est phénoménal, elle connaît tout le monde, elle sait tout. C'est la meilleure. » Cette ode à la native du Nord, c'est son acolyte Alexandre Pasteur qui nous l'offre. Difficile de le contredire. Marion Rousse, c'est la consultante ultime. Dans un monde d'hommes où les pas en avant se font d'abord un peu à l'aveuglette, il ne fallait pas moins qu'une jeune femme charismatique, dont le regard bleu océan est capable de tout voir avant tout le monde. Pour se faire une place, il fallait être inattaquable, irréprochable.

Et une décennie après ses débuts, sa notoriété est sortie du cadre du casque et du micro. C'est aujourd'hui la directrice du Tour de France féminin.

Marion Rousse, c'est la guide. Elle n'en a pas encore complètement conscience, mais elle est une source d'inspiration pour toute une génération.

Car, depuis l'arrivée de l'ex-championne de France sur Eurosport, puis sur France TV, on sait qu'une femme au commentaire d'un événement de sport masculin, qui plus est le plus grand, c'est possible. Et non seulement c'est possible, mais en plus, on n'accorde même plus l'attention sur le genre. Seulement sur l'apport au micro, la compétence et la légitimité. Et c'est probablement là, la plus belle victoire de Marion Rousse.

Pour commencer Marion, peux-tu nous raconter comment tu as vécu la transition entre ta vie de sportive de haut niveau et celle de commentatrice/consultante ?

Plutôt en douceur, parce qu'au début j'étais toujours cycliste pro quand j'ai commencé à commenter chez Eurosport. J'avais encore cette double casquette, c'était moins brutal donc. Et le fait d'avoir toujours ce goût de l'effort et de la douleur me permettait d'en parler avec justesse. Et assez vite, le métier de consultante a pris le pas sur ma carrière sportive. Ça me permettait de rester dans le sport que j'aime depuis petite et qui est ma passion. Et de pouvoir en vivre.

Est-ce que tu avais déjà une oreille avertie sur les commentaires sportifs quand tu étais en activité, ou même avant quand tu regardais le sport à la télé ?

Oui, bien sûr. Je regarde les courses de vélo depuis que je suis toute petite, j'ai donc toujours été accompagnée par les voix des commentateurs. C'est eux qui donnent le ton, j'ai toujours été attentive à ce qu'ils racontaient. Et quand tu arrives de l'autre côté, tu te rends compte que c'est pas si simple, et qu'il y a énormément de choses qu'on ne soupçonne pas quand on regarde la télé.

Dans tes souvenirs, quelle voix te revient ?

Moi, j'ai toujours connu Thierry Adam sur le Tour de France. J'aimais bien son ton, ses intonations.

Et puis, au-delà de la voix pure, c'était tout ce qu'il y avait autour. C'était le mois de juillet, l'été, les vacances... Juste derrière l'étape, il y avait Gérard Holtz... En fait, c'était des voix qui te rappelaient que c'était le temps du Tour, pendant les vacances. Ils s'invitaient chez nous au même titre que chez les Français, c'est pas rien.

Qu'est-ce qui a fait, à ton avis, qu'on est venu te chercher, toi, pour endosser ce rôle de commentatrice/consultante au départ ?

Je me souviens de mon premier plateau télé quand j'étais championne de France en titre. J'avais été invitée pour essentiellement parler de moi sur le plateau des « Rois de la pédale » sur Eurosport. C'était le même jour que le Tour des Flandres, et j'en suis arrivée à donner mon avis sur la course. Quelques semaines plus tard, le rédacteur en chef de l'époque, Guillaume Di Grazia m'appelle et me dit : « J'ai une idée un peu folle, mais il y a la Vuelta (le Tour d'Espagne) dans quelques semaines. Je t'ai trouvé hyper à l'aise et en maîtrise de ton sujet quand t'es venue en plateau. Si ça te dit, rejoins-nous. » Je l'ai trouvé complètement fou, parce qu'une fille qui commente du sport masculin, ça n'existait pas.

J'avais l'appréhension de la manière dont ça allait être perçu, je ne voulais pas passer pour la petite blonde qu'on a mise là sans trop savoir ce qu'elle fait ici. J'avais pas autant souffert sur mon vélo pour qu'on pense ça, j'ai donc mis un point d'honneur à montrer vite que j'avais ma place et que je savais de quoi je parlais. Je me suis perfectionné grâce à la niche de spécialistes qu'est Eurosport, j'ai progressé, et France TV m'a contactée en 2017. Et là, c'est plus la même histoire ni la même caisse de résonance. Mais j'avais le même objectif en tête : montrer que j'avais ma place et que j'étais légitime.

Pourquoi ça a pris autant de temps à ton avis ?

C'est difficile à dire, parce que des femmes capables de le faire, il y en avait bien sûr avant moi. Je pense que les mentalités ont évolué suffisamment à ce moment-là pour qu'on me fasse de la place. Mais attention : Guillaume Di Grazia me dit que c'est une idée folle. Ça montre bien qu'on ne sait pas trop à quoi s'attendre de la part du public. C'était une vraie prise de risques. Avec le recul, on se dit qu'on a été débiles de penser comme ça, mais à l'époque, ça ne coulait pas de source. Donc oui, c'est une affaire de mentalité générale combinée à la légitimité de la personne.

Étant la première femme au commentaire des hommes, à quoi t'es-tu heurtée d'inédit, que ce soit positivement ou négativement ?

Pas grand-chose finalement, parce que le fait d'être une femme n'avait rien de particulier pour moi.

Dans ma vie, j'ai souvent été la seule fille dans les groupes de garçons, et on m'a toujours acceptée pour ce que je suis, et pas parce que je suis une fille. À partir du moment où tu mets les bonnes personnes à la bonne place, ça passe. Alors oui, il y a eu quelques commentaires sexistes sur les réseaux, mais c'est très faible par rapport à la bienveillance qu'il y a eu depuis le début pour moi. Je ne me nourris que du positif, et en grande majorité, ça a toujours été ça pour moi.

On met souvent en valeur ta précision et ta justesse d'analyse au commentaire, Marion. Comment est-ce que tu travailles et prépares les compétitions ?

Ça fait des années que je commente, mais je suis restée très scolaire dans ma façon de me préparer. J'ai toujours gardé la même rigueur, et je pense que c'est mon mode de fonctionnement pour tout, même dans mon boulot de directrice. Je veux toujours progresser, être dans le coup. Je dois parler du sport que j'aime à des millions de gens, donc pas le choix, faut assurer. Je regarde toutes les courses pour engranger le max d'infos. Je me renseigne sur les parcours aussi, sur des sites comme Google Maps, pour analyser les tracés, voir les points chauds. Je lis les interviews des uns et des autres, j'analyse les états de forme... J'essaie de ne rien laisser au hasard. Après, on dit que je repère de loin les coureurs, mais ça, je le bosse pas (rires) !

J'allais y venir justement… Parce que tout le monde parle de cette faculté que tu as à repérer immédiatement un coureur, juste à sa démarche. C'est quoi ton secret ?

(Rires.) Franchement, je sais pas. Le coup d'œil, l'anticipation peut-être… Je suis à l'affût, très concentrée… Et c'est instinctif. Parfois, Alex Pasteur me montre un trombi avant d'annoncer le nom du coureur à l'antenne, pour vérifier. Et quand je lui confirme, il l'annonce. C'est un petit jeu de complicité entre nous.

Parle-moi des relations que tu as avec les autres membres de l'équipe commentaire sur le Tour à France Télévisions. Comment tu arrives à mettre ta touche dans cette grande équipe et à t'intégrer à cette mélodie ?

Ça fait des années qu'on est ensemble, on s'est donc améliorés avec le temps. Les débuts n'ont pas été toujours simples, mais maintenant, on a trouvé chacun notre façon de faire et notre place, sans se forcer. Il n'y a pas de rapport d'egos, à vouloir se placer les uns au-dessus des autres, la mentalité est donc bonne entre nous. On peut ne pas être d'accord, on va rendre l'échange constructif pour les gens qui regardent. Alex Pasteur est important dans son rôle de chef d'orchestre, et l'important, c'est qu'on amène tous notre identité, pour apporter un plus au public.

Quand vous partez sur trois semaines de Tour de France, la cordialité ne suffit peut-être pas. Quelle est la nature de vos rapports hors antenne ?

Je pense que tout s'entend à l'antenne. Quand tu pars sur les routes pour trois semaines, c'est une vraie aventure humaine. Forcément, les humeurs varient selon les jours. C'est comme une vie de famille. Faut gérer la fatigue, on se porte les uns les autres. Et il faut que l'ambiance soit bonne, pour qu'à l'antenne, le public le ressente. D'autant plus que c'est en juillet, pendant les vacances... Donc bon. Et puis, ça reste que du vélo, donc le sourire, la joie, on peut l'amener aux gens en leur faisant passer un bon moment. En somme, on veille à avoir de bons rapports hors antenne parce que c'est très important.

Tu as un exemple concret d'un moment où ces bons rapports ont permis de faire avancer votre fluidité ?

Ça me fait penser aux débriefs qu'on peut faire pour s'améliorer. Si on se marche dessus entre nous ou avec les gars sur les motos, on débriefe ensuite. En fait, on essaie de ne jamais laisser s'installer des non-dits, des malentendus ou de mauvaises interprétations de mots entre nous. On s'en parle de suite. On est vraiment dans le dialogue. J'ai un exemple concret. Quand Julian (Alaphilippe) tombe à Liège en 2022, je me retrouve sans savoir quoi faire, c'est terrible. Le boulot ne prime plus. Et Alex et Jaja (Laurent Jalabert) sont au soutien pour que ça ne se ressente pas à l'antenne, alors qu'il se passe un truc grave. Ils me permettent de reprendre mes esprits et de faire face. Là, c'est un mauvais moment, mais en 2020 sur le titre mondial, c'en est un bon. On est vraiment dans le dialogue et l'échange. Ça nous permet de traverser n'importe quelle situation sans que la qualité de l'antenne soit altérée.

Tu as abordé rapidement les réseaux sociaux tout à l'heure. Globalement, comment tu gères cette donnée-là, assez récente dans le métier ?

Il y a de plus en plus de spécialistes, et c'est intéressant. Ça nous permet parfois de piocher des infos qui, après vérification, peuvent être hyper bonnes pour l'antenne. J'essaie de dialoguer avec eux, parce qu'ils sont passionnés comme nous. On se doit de rester attentifs à tout ça. Les réseaux font partie du métier, on ne peut pas les ignorer. Il faut juste savoir quoi aller chercher, et garder la maîtrise.

Commenter le Tour de France sur le service public, c'est un rôle fort, avec un peu le poids de l'histoire sur les épaules. Comment tu gères cette pression due au prestige de l'événement ?

Je me souviens que la première année, en 2017, n'a pas été facile. Alex arrivait sur France TV, moi aussi.

Et on s'est retrouvés au cœur d'une machine énorme sur le Tour, et tous nos repères ont été chamboulés. On était attendus au tournant, il fallait qu'on fasse nos preuves, donc oui, il y a eu pas mal de stress et de nuits courtes avant ce Tour 2017. Après, une fois que c'est lancé, on passe au sport et ça va mieux. Et puis, moi, il y a un truc qui m'aide, c'est que ce métier, je n'en rêvais pas forcément à la base. Je ne me suis jamais dit petite : « J'ai envie de faire de la télé, montrer ma tête à l'antenne. » Je suis plutôt quelqu'un de réservé en plus. L'idée, c'est de valoriser les exploits des coureurs. Les stars, ce sont eux, c'est le Tour. Pas nous. Et relativiser ça, ça aide à gérer la pression pour ma part. Il faut garder les pieds sur terre.

Étant la première femme consultante sur les compétitions hommes de ton sport, avec du recul, que penses-tu avoir amené de frais à l'antenne ?

C'est pas évident d'avoir un tel recul sur soi-même, mais je dirais la normalité. Si je n'avais pas commenté le Tour, j'aurais été au bord de la route avec ma glacière et le barbecue, tu vois ! Je pense qu'on parle le même langage avec les gens qui regardent la télé. On aime le vélo, on a la même passion. C'est peut-être pour ça qu'ils considèrent que j'amène de la fraîcheur. On se retrouve sur l'essentiel. Après, c'est délicat d'avoir du recul sur tout ça.

Je rajouterais que tu as réussi aussi à ramener de l'humanité, de l'émotion rapportée à l'effort et à la dureté qui fait le cyclisme. Au-delà de l'analyse, du décryptage, il y a un côté très humain que les gens aiment chez toi. Tu en as conscience ?

Franchement, pas tellement. Ce qui est sûr, c'est que je suis un peu moins bloquée qu'au début. Le fait d'être une femme au commentaire me forçait un peu à être plus stricte avec moi-même, pour avoir une puissance de voix au niveau de celle des hommes, etc. Je m'interdisais des choses pour être propre et efficace dans mon rôle. Aujourd'hui, j'ai pris confiance et je vis les événements plus intensément. À ce niveau-là, c'est pas tellement du travail, c'est plutôt du lâcher-prise. Et puis, à force de faire, je sens que je progresse, même dans la technique.

J'ai une question concernant ta voix, Marion. Est-ce que tu la travailles ? Est-ce que tu en prends soin ? On sait que sur une compétition comme le Tour de France, elle est mise à rude épreuve…

J'ai des pastilles pour la gorge, parce qu'effectivement, au bout d'un certain moment, je commence un peu à perdre la voix. D'ailleurs, heureusement qu'il y a des médecins, parce qu'une fois, sur le Tour, je n'ai pas pu commenter un chrono parce que j'avais une extinction complète de la voix. Après, c'est vrai que je ne travaille pas forcément la technique. On m'a pas forcément conseillé de prendre des cours ou quoi. Je sais que le meilleur exercice, c'est de se réécouter, mais je déteste ça. J'y arrive pas, et pourtant ça aide à repérer les tics de langage, à poser sa voix. Il faudrait que je le fasse un peu plus peut-être ? Mais je suis contente de mon évolution par rapport à mes débuts. Et puis, le public a évolué avec moi aussi. Quand je suis arrivée, j'étais une gamine de 22 ans. Aujourd'hui, j'ai passé la trentaine, je ne suis plus la même dans l'assurance, et je pense que ça s'entend aussi. Ils m'ont vu grandir.

Tu peux me donner un souvenir au commentaire, où tu t'es dit : « Là, je suis dans un truc de fou », un souvenir qui tient vraiment une place à part pour toi ?

Le premier truc qui me vient, c'est même pas l'exploit sportif parce qu'il y a eu tellement d'étapes exceptionnelles qu'on a eu le plaisir de commenter que c'est dur d'en sortir une. Les Championnats du monde 2020, c'était fou, mais il y a eu aussi 2021. Pour moi, c'était encore plus fou. C'était à Louvain, mon fils venait de naître, je n'étais plus la même, forcément. Même au commentaire, ça s'entend. Donc, oui, le deuxième titre de Julian aux Championnats du monde, c'était fou. En Belgique, sur une terre de cyclisme, j'avais l'impression qu'on était hors sol. L'ambiance était folle, c'est la plus belle course de l'année ; cette course-là restera longtemps dans ma tête. Et j'ai une anecdote qui est sur une étape du Tour, je me souviens plus exactement de l'étape, mais tous les plombs ont sauté. On n'était plus à l'antenne. Et là, on nous a apporté des téléphones venus d'un autre siècle... un truc de fou ! J'ai encore la photo dans mon téléphone d'Alex Pasteur qui commente avec ce truc du Moyen-Âge à l'oreille. C'était un sketch, on a vraiment beaucoup rigolé avec Jaja, et Franck Ferrand de voir Alex commenter pour 6 millions de personnes avec un téléphone à combiné (rires) ! On a beaucoup ri.

Pour finir, Marion, quel serait le type de retour que tu aimerais entendre quand on évoquera plus tard ton passage télé aux commentaires des courses cyclistes ? Qu'aimerais-tu laisser comme trace ?

Je dirais que ça correspond avec le moment où on a changé d'ère, où les mentalités ont évolué, et qu'on trouve ça normal qu'une femme soit au commentaire d'un événement sportif masculin. Tout simplement. Je pense qu'un événement comme le Tour de France sera toujours plus puissant que tous les commentateurs que tu peux mettre. L'événement est au-dessus de tout. Personne n'est irremplaçable. Mais si je participe à faire passer de bons moments au public, et si je donne envie aux jeunes de suivre le pas, c'est génial. Et peut-être que dans deux ou trois générations, certains diront : « Ah, mais moi, à mon époque sur le Tour, il y avait Marion Rousse ! », et que les jeunes répondront : « Mais c'est qui, celle-là ? » (Rires.)

CONCLUSION

« *Les plus grandes aventures sont intérieures* », disait le père de Tintin, Hergé.

Il est tard en ce jeudi soir de fin de printemps. La lueur de ma bougie senteur vanille commence petit à petit à se faire plus discrète dans la pièce que j'ai aménagée depuis plus de 8 mois afin de me créer un « cocon » spécial pour écrire. Se mettre dans les conditions idéales pour créer, c'est le premier conseil que l'on m'a donné quand cette immense aventure a commencé. Une aventure qui donne le vertige tant les défis étaient immenses.

Dans ma vie professionnelle de journaliste, puis de directeur d'agence spécialisée dans l'audio, j'ai eu le bonheur de pouvoir interroger des centaines d'artistes, de politiques, de sportifs, et de personnes de tous horizons.

L'interview, c'est ma force. Tant et si bien que, comme Roger Couderc avant un match, j'ai pour habitude de ne jamais arriver avec un cahier rempli de notes. Je fais en sorte de maîtriser mon sujet en amont, et de faire confiance en ma capacité à briser la glace et à mettre les gens à l'aise pour qu'ils puissent me donner quelque chose d'unique. Elle vaut ce qu'elle vaut, c'est ma méthode.

Ici, pour la première fois, j'ai remis en doute ma méthode. Quel paradoxe ! Le sport ? C'est ma zone de confort. Les voix du sport ? Je les connais toutes, c'est ma passion, et mon admiration pour elles est totale. Alors, pourquoi remettre en cause cette méthode qui a fait ses preuves dans mon quotidien ?

Finalement, c'est 10 minutes avant d'échanger avec le premier commentateur que j'ai décidé de fermer le cahier noirci d'une écriture dont, de toute façon, j'aurais eu bien du mal à relire les mots.

Se faire confiance même quand on sort de sa zone de confort, c'est ça, la première leçon que j'ai prise en sautant à corps perdu dans ce projet.

Et le doute a laissé la place à la confiance, qui s'est vue rejointe assez rapidement par le plaisir.

Ce plaisir, il est à multiples facettes, il porte plusieurs visages. Et il s'est manifesté à plusieurs étapes de la création de ce témoin de passion que vous avez entre les mains. Ah ! Tiens, la lumière de la bougie a un regain de forme, je peux encore continuer...

Le premier plaisir, c'est celui de voir la brillance dans le regard de l'équipe qui m'a aidé à construire ce livre. Avoir une idée, c'est bien, mais avoir une idée qui est considérée comme crédible et susceptible d'embarquer des lecteurs est une autre paire de manches.

Et le plaisir de replonger dans les archives du sport à la télé. Proposer une première, puis une deuxième, puis une troisième liste de commentaires. Débattre sur la présence ou non de certains, argumenter, refaire l'histoire avec comme seuls arguments des « et si » complètement utopiques. Ce plaisir-là, le premier, il est déjà prenant, alors qu'on est encore qu'aux prémices du projet.

Mais on a le sentiment d'exister, d'être au cœur d'un processus qui nous dépasse, certes, mais sur lequel on prend une part active. On se sent vivant. Et, à cet instant dont il est difficile de donner une temporalité précise, je repense à tout ce que des artistes ont pu me raconter lors d'entretiens. Se sentir vivant parce qu'on crée. Ne pas seulement être un consommateur ou un donneur d'avis. Mais être acteur. Prendre les choses en main. Cette sensation arrive dès le début.

Ce plaisir, il revient à chaque étape de la création de l'ouvrage. Quand le sommaire est définitivement validé, que chaque chapitre se remplit et se termine. Et donc, quand chaque petit objectif est atteint et nous rapproche un peu plus de la finalité.

Un coup d'œil sur la bougie. La lueur est toujours vive, la senteur vanille est toujours là, impeccable. J'ai encore du temps, c'est parfait.

Ce livre, en tout cas la vision qu'en a eue l'ensemble de l'équipe, c'est un partage. Et à titre personnel, il était hors de question de me placer dans un rôle qui aurait été illégitime, n'en déplaise à mon ego.

Ce rôle, celui dans lequel je me suis régalé, c'est celui qu'occupent en général les personnalités qui ont joué le jeu au travers de ces pages. Celui de relais. D'intermédiaire. De passerelle.

Ce n'est pas de l'humilité mal placée ou un syndrome de l'imposteur exacerbé. Non, non. C'est l'envie de sublimer le cœur de notre échange. Ces fameuses phrases, et ceux qui les ont prononcées. Je n'ai donc eu aucun mal à situer ma place dans ces pages. Mon privilège, c'est justement de m'être retrouvé dans cette posture de pouvoir leur poser les questions que vous auriez eu l'envie de leur poser. Et essayer de redonner la vérité et l'authenticité des réponses afin que votre curiosité, votre passion et votre soif de connaissances soient rassasiées. C'est une immense responsabilité que j'ai essayé d'assumer, avec toute la panoplie du novice en la matière. Doute, besoin d'être rassuré, implication maximale. Écrire un livre, c'est se retrouver dans un tambour de machine à laver. Si on ne trouve pas le bon programme, ça tourne soit trop vite, soit trop fort, soit trop longtemps... soit les trois à la fois !

Vos retours me diront si le rôle que j'ai choisi de garder en laissant la part belle à ceux qui méritent beaucoup plus la lumière était le bon. Je les admire, et je tenais à ce que tous les projecteurs soient braqués sur eux. Mon plaisir (oui, le mot va revenir encore), il est de vous donner leurs mots. Les miens passent bien après.

Un petit coup d'œil sur la bougie. Cela brille encore, cool, même si elle n'est plus qu'une masse liquide. Mais ça sent encore tellement bon la vanille ! Cette bonne odeur qui me rappelle tant les desserts que je dévorais chez mes grands-parents, plus jeune.

Car oui, même si la transition est peut-être un peu hasardeuse, tout part de là. Ces voix, celles qui parlaient dans la télé, j'y ai pris goût dès cette période bénie où la curiosité fait office de premier jalon sur le chemin de la passion.

C'est même sans doute un point commun que je partage avec la majorité de ces commentateurs. Passionné de sport, j'ai assez vite compris que ma vie professionnelle ne pouvait pas se passer du côté lumineux de la main courante d'un stade. Mais hypnotisé par la performance sportive et toutes les valeurs positives qu'elle véhicule (dépassement de soi, courage, abnégation, travail), j'ai assez vite remarqué que, pour faire le lien entre ces sportifs hors d'atteinte pour un « moldu » et moi, il y avait ces voix. Ces gens qui avaient la chance d'être au plus près de l'action pour nous raconter ce qui se passait sur place. Et assez vite, à l'âge où on découvre le collège, je savais que je voulais au minimum me situer pas trop loin de ces gens-là, afin d'échanger sur le pourquoi du comment ils en étaient arrivés là.

Le temps a passé, et mes études, puis mes différentes expériences en rédaction nationale (M6, Le Parisien) m'ont permis de toucher du doigt cet univers de la télévision. Celui que j'ai fantasmé pendant toute mon enfance.

Et après des années d'expérience, il en est ressorti quelques convictions.

La première étant que le commentaire sportif est sans doute le dernier exercice télévisuel sans filet, à la pureté quasi totale. Qui met autant en exergue l'excellence des commentateurs que leurs failles, fussent-elles des plus fines.

La deuxième chose qui me semble évidente, c'est que ce métier n'est pas valorisé à sa juste hauteur.

Et c'est là qu'on en vient à la démarche de ce projet. Juste avant, petit coup d'œil sur la bougie. Parfait, la luminosité est suffisante et l'ambiance parfumée continue de m'enivrer.

Je ne suis pas un auteur. Je ne suis pas un écrivain. Dans mon agence de création de solutions de communication par l'audio, l'écriture joue plus un rôle de structure. Mais à travers nos voix, et avec les outils de production à notre disposition, on raconte des histoires. Et on adore mettre la lumière sur ce que le public ne sait pas, n'entend pas.

Au tout départ, le souhait était de trouver un moyen de valoriser ce métier de commentateur sportif, à une époque où ils se retrouvent de plus en plus exposés (que ce soit avec ou contre leur gré). Exposés à la critique, à la remise en cause de leurs compétences, mais aussi à la sublimation de certains moments.

Un podcast aurait très bien pu remplir la mission. Mais un livre, c'est l'étape encore au-dessus. À ce moment-là, aucun projet ne traite vraiment du sujet. Il fallait ensuite trouver un angle attirant. Le parcours de ces journalistes spécialisés ? Non, trop simple. Un melting-pot de leur parcours et de leurs meilleurs moments d'antenne ? Non plus, c'était trop évident.

Et puis, au détour d'une discussion avec la remarquable équipe d'Amphora, une discussion entre mordus de sport et de belles histoires, est venu cet angle. Oui, on va parler de leur personnalité. Oui, on va tenter d'expliquer comment ils en sont arrivés là, et pourquoi. Mais ça, on peut le trouver sur Google ou n'importe quel moteur de recherche (pour la petite anecdote, Lycos, ça existe toujours. Voilà). Il me fallait un angle encore plus accrocheur. Et puis, un jour est venu le déclic. Il faut que je prenne quelques instants pour vous le raconter.

Belle soirée d'automne à Toulouse. En terrasse avec des amis, on refait le monde, on échange sur des sujets divers et variés. Et alors que le sujet de ce projet est abordé, l'une de mes amis, profane en matière de sport, me lance : « Ah, j'adore le gars qui a dit "Second poteau Pavard" ! » Cette phrase peut sembler anodine à première vue, mais elle a fait office de déclic. Elle ne connaît pas le nom du gars en question (désolé, Grégoire, et ne t'en fais pas, elle t'a reconnu ensuite), mais elle s'est souvenue de la phrase. Elle qui ne regarde quasiment jamais de sport à la télé, excepté bien sûr les grandes compétitions internationales. À ce moment-là précisément, j'ai trouvé l'angle d'attaque. Puisque ce que le public va d'abord retenir, c'est la phrase. Ou les phrases. Parce que ce sont ces mots qui viennent percuter la sensibilité et qui restent en mémoire. Le nom, le suivi du parcours et de l'évolution du commentateur, c'est l'entonnoir qui se resserre, à l'intérieur duquel on retrouve les passionnés de plus en plus pointus au fur et à mesure que les parois de l'entonnoir se rétrécissent. Une fois que l'angle est trouvé, c'est le temps des choix. Quelles phrases, quelles voix ? Quels sports ? Quels moments ?

Le questionnement est permanent à l'heure des choix. Choisir, c'est trancher. Et c'est aussi mettre de côté. Je voudrais d'ailleurs profiter de cet épilogue pour évidemment saluer tous ceux que je n'ai pas eu la place de mettre dans ce livre. Et ils sont au moins aussi nombreux que ceux dont j'ai eu l'honneur de raconter un moment fort de la carrière. Michel Drucker, Robert Chapatte, Georges de Caunes, Didier Roustan, Michel Denisot, Pierre Salviac, Nelson Monfort, Jean-Louis Moncet, Éric Bayle, Charles Biétry, Jean-Charles Sabattier, Julien Brun, Smaïl Bouabdellah, Samyr Hamoudi, Rodolphe Pires, Paul Tchoukriel... Et j'en oublie encore. Ils font évidemment partie de cette grande famille. Et trancher n'est jamais quelque chose de facile. Et ils avaient, eux aussi, leur place.

La senteur de la vanille se fait plus forte. On arrive sur les derniers soubresauts de vie de ma bougie. Encore quelques instants, et il ne restera plus rien de cette flamme volontaire du démarrage...

Pendant toute l'écriture de ce livre, qui a duré le temps d'une grossesse, je n'ai eu pour étoile polaire qu'une seule idée : partager. Un partage à deux faces.

D'abord, le partage avec ces personnalités exceptionnelles. Évidemment, certaines des entrevues, dont vous avez pu dévorer (je l'espère) les mots les plus forts, se sont faites à distance. Un exercice que j'affectionne un peu moins, car, en général, il est plus difficile d'installer une atmosphère propice à un échange total et sans réserve. La chance a été d'avoir affaire à des personnalités qui ont immédiatement compris l'intérêt de jouer le jeu. Ce qui a même pu donner lieu à des instants uniques. Ainsi, je peux vous dire que Marion Rousse est arrivée en retard à un point presse, attendue par une flopée de journalistes, tant notre entretien était agréable. J'en profite ici pour rappeler à quel point Marion Rousse est sans doute la meilleure consultante, tous sports confondus, à tous les niveaux.

Stéphane Guy, quant à lui, a accepté de m'accorder 1 heure alors que, quelques heures plus tard, il commentait une demi-finale de Champions League entre Manchester City et le Real Madrid.

Quelle ne fut pas mon émotion en détaillant avec le consultant préféré de mon regretté grand-père (dont je vais reparler) les détails de la finale de Coupe du monde 1998 ?

Et puis, il y a le tout premier entretien de ce livre. Qui gardera une saveur particulière comme toutes les premières fois.

Pour moi, c'est l'entretien avec Nicolas Jamain. 1 h 30 de pur bonheur. Comme s'il n'y avait même plus la barrière de l'écran. Après avoir terminé cet entretien, je me suis dit (par superstition) que ça démarrait bien.

Que dire des entretiens en visuel ? Le bord de mer dans son hôtel avec David Cozette, un bar branché en plein Paris avec Patrick Montel ou Alexandre Boyon, un resto de plus en plus bruyant après une réunion éditoriale pour le *Téléfoot* du dimanche suivant avec Grégoire Margotton, le bar de mon hôtel avec Arnaud Romera. Une salle de réunion toute simple qui a fait office de « bureau » temporaire au cœur du service des sports de France Télévisions avec Christian Choupin, Alex Pasteur ou encore celui qui détient la palme du plus long entretien (2 h 45 au total), Matthieu Lartot.

Mention spéciale ici aux pâtes carbo' de Fred Brindelle, qui m'a accueilli chez lui et qui m'a gardé pour le repas avec sa petite famille avant de me faire découvrir son impressionnante collection de fanions. Et au café ristretto de George Eddy, qui lui aussi m'a accueilli comme un vieux copain dans sa maison, avec le sourire et la chaleur qui le caractérisent aussi à l'antenne.

Le deuxième partage, il a hanté mes nuits pendant toute la durée de l'écriture. C'est celui qui nous lie. C'est une responsabilité que je n'avais pas forcément imaginée avec une telle intensité au départ. Mais elle m'a sauté aux yeux.

Je m'en suis fait une ligne de conduite, celle de donner le meilleur pour faire transpirer cette passion, cet amour pour le métier et pour ces moments d'histoire du sport. Ce besoin quasi pathologique de ne pas trahir la confiance de ces transmetteurs d'émotions et de ne pas vous trahir vous, lecteurs, dans l'envie et la curiosité que vous avez d'apprendre des choses que vous ignoriez peut-être. Ou de redécouvrir. Ou de vous immerger de nouveau dans des moments de sports qui vont faire office de rappels à des instants joyeux, tristes, puissants de vos vies. Imaginez quand on s'arrête quelques instants et qu'on prend conscience de cette charge-là. Oui, ça m'a coûté quelques nuits blanches.

Finalement, ça a une durée de vie beaucoup plus longue que je ne le pensais, une bougie senteur vanille. La flamme commence à manquer de combustible, mais elle survit. J'en profite encore un peu.

En finalité, une seule question résumée en un seul mot peut résumer ces dernières pages et boucler la boucle. Pourquoi ?

Parce que, quand on a l'opportunité de vivre une aventure pareille, il ne faut pas hésiter unc seule seconde. Oui, j'aurais adoré pouvoir exercer ce métier de commentateur sportif. Et j'ai une admiration sans bornes pour ceux qui le font. Et, à un moment donné, les planètes se sont suffisamment alignées pour que j'ose saisir l'opportunité de laisser une petite trace au service de la valorisation de ce métier. Un métier qui, comme l'a dit l'immense Grégoire Margotton qui m'a fait l'honneur et le privilège de signer la préface de ce livre, est tout simplement magnifique.

Je l'ai abordé un peu plus haut, ce livre est un voyage dans le temps de presque un siècle. Le siècle qui restera comme celui de la création, puis de l'explosion de ce métier. Un métier qui mute, qui évolue et qui s'ouvre à des profils toujours plus variés par le biais des nouveaux médias digitaux (réseaux sociaux, TikTok...). Bien, pas bien... Chacun se fera son avis.

Ce voyage dans le temps et dans certains des moments de sport les plus cultes du sport français, je voulais qu'on le fasse par ce prisme de ces phrases qu'on a adoré écouter, puis entendre, et enfin savourer. Elles nous ont permis de vivre encore plus intensément ces instants, et elles possèdent en elles quelque chose de magique qui nous reconnecte instantanément avec des moments inoubliables de nos vies. Elles sont des madeleines de Proust.

Une dernière anecdote : finale de la Coupe du monde 2006, France-Italie. J'ai 15 ans. 107e minute. Mon idole absolue, Zinédine Zidane, commet l'irréparable. Je suis bouche bée. Aucun mot ne veut sortir. Et j'entends dans la télé chaque mot de Thierry Gilardi. Je n'entends plus rien d'autre tant il parle à ma place. Il me touche, droit au cœur. Je pleure, pour la seule et unique fois de ma vie dans le cadre d'un moment de sport. Par réflexe, je me tourne alors vers mon grand-père. Celui dont j'ai parlé plus haut et qui m'a le premier dit : « Écoute les gens dans la télé. Tu vas voir, tu ne regarderas plus le sport de la même manière si tu les écoutes. »

Lui aussi, il pleure. Pour les mêmes raisons que moi. Thierry Gilardi a parlé pour nous. On était connectés. Mon grand-père était un mordu de sport et de voix.

À la question « Pourquoi ce livre ? », plus intimement, je répondrais aussi que c'est pour lui. Il aurait adoré le lire.

La bougie s'est maintenant éteinte. Il est temps de clore ce chapitre.

REMERCIEMENTS

Pour commencer, je tiens à remercier l'incroyable équipe Amphora. Le taulier, Renaud Dubois, et autour de lui des cadors : Constance, Marlon, Éric, Christophe, notre illustrateur préféré pour son remarquable travail sur la couverture, Adeline... Bref, toutes les personnes qui ont œuvré de près ou de loin à la concrétisation de ce projet.

Mention particulière à Ludo(vic) qui a assumé en même temps les rôles d'ange gardien, de confident, de conseiller, de psy (et j'en passe). Sans leur confiance, leur passion et leur énergie, aucune chance d'obtenir un résultat aussi abouti pour un novice comme moi.

Impossible aussi de ne pas associer Ken Fernandez. Le premier à avoir cru en ce projet et à avoir pensé qu'il aurait sa place dans la grande aventure des éditions Amphora.

Un merci sans limite à mes parents qui ont été les cobayes des multiples idées/versions ayant finalement abouti à ce que vous tenez entre vos mains. Ils sont mon socle indestructible, et ce livre, c'est pour les rendre fiers eux avant tout.

Ce socle, je peux le compléter avec Alexis, mon meilleur ami, mon « Wangui ». Certains de nos appels tardifs m'ont évité des nuits blanches, c'est ton pouvoir, mon frérot !

Comment ne pas remercier mon « comité de relecture et de soutien » : Charlène, Aymard, Aurélie, Justine pour la relecture.

Nico, le « *owner* » de ma box de CrossFit et mon ami Bruno Mallet, alias « le GOAT », pour le soutien et la bienveillance quasi quotidiens, si précieux quand on doute de soi.

Pour leur patience, leur compréhension, merci aussi à mes deux associés, Reyda Messaoudi et Julien Vigier. Avant d'être notre entreprise, VO2X La Fabrique de l'audio, c'est une affaire d'amitié.

La leur est indispensable pour mener de front tous les projets en même temps dans la sérénité.

Merci à l'ensemble de mon entourage pour son soutien, chacun à son échelle. Chaque mot, chaque message d'encouragement ont été d'un profond bienfait. Ce projet montre toute la bienveillance autour de moi, et cela fait chaud au cœur.

Mention à Hervé, Mehdi, Éléonore, Diane, Marianne, Lucas, Léa et tous ceux que j'oublie, mais qui se reconnaîtront.

Ce projet n'aurait pas vu le jour sans Juliette Tella, Vincent Vignon, Sibel Han, Henri Galipon. Ils ont été le lien entre les commentateurs et moi. Leurs mots et la relation fluide que l'on a eue ont fait que les entretiens se sont toujours passés dans une excellente atmosphère, idéale pour raconter de belles histoires. Ma gratitude envers vous et vos belles maisons (TF1, France TV, RMC, beIN Sports…) est immense.

L'avant-dernier remerciement est pour mon frère, Steven. La version améliorée de moi-même, et celui qui me pousse toujours à donner le maximum. Pour toi, c'est un merci global, celui juste d'être là, tout le temps.

Et enfin, le dernier remerciement est un immense merci global aux voix qui ont partagé leur vécu, leur passion, leurs émotions. Ces hommes et ces femmes qui incarnent ce projet. Ce livre est le témoignage de mon profond respect et mon admiration sincère pour leur travail de commentateurs et commentatrices. Et, humblement, j'espère leur avoir fait passer de bons moments en nous replongeant ensemble dans ces moments de légende. De leur légende.

Un merci tout particulier à celui qui m'a fait l'immense honneur de signer une préface absolument magnifique : Monsieur Grégoire Margotton.

BIOGRAPHIE

Mon parcours de vie commence dans l'Ariège, au cœur de ces superbes massifs pyrénéens. À Tarascon-sur-Ariège. D'une maman tarnaise, et d'un papa issu d'une famille espagnole-andalouse. Parcours scolaire honnête jusqu'au BAC obtenu à Foix, et la vie d'adulte commence à Toulouse. Avec un va-et-vient entre deux métiers qui font le socle d'une personnalité à mi-chemin entre timidité et assurance.

Le journalisme d'un côté pendant l'année pour les études. Dans le but de réaliser le rêve du gamin que j'étais qui dévorait le journal local, *La Dépêche du Midi*, *L'Équipe*, qui écoutait la radio et qui regardait la télé aux heures fixées par des parents attentifs à l'enrichissement personnel.

Et de l'autre, l'animation en village vacances l'été, pour travailler le bagou, le micro, la présence, la prestance. Comme si, a posteriori, le futur se préparait aussi là.

Le commentaire, quant à lui, arrive très tôt. Devant l'ordinateur et *FIFA 98*, à commenter les matchs avec mon petit frère.

Des expériences à *La Dépêche du Midi*, France Télévisions, Radio France, et une certitude : le journalisme formera le socle de ma vie.

Mon expérience à M6 en 2011 est un souvenir inoubliable, au même titre que celui au service des sports du *Parisien*, au cœur d'une équipe incroyable de talents.

Et puis, en 2015, c'est le virage radiophonique. Et c'est à Toulouse FM que je rencontre mes futurs associés Reyda Messaoudi et Julien Vigier. C'est avec Reyda que je prends le micro pour animer mes premiers événements. Jusqu'à mon premier Stadium de Toulouse au micro du TFC en 2018.

Aujourd'hui, nous sommes tous les trois à la tête de VO2X la Fabrique de l'Audio, où nous produisons des radios, des podcasts, où nous prenons le micro. Où nous nous régalons.

C'est le point commun que je peux trouver avec toutes ces personnes que j'admire. Nous avons le même outil de travail : notre voix.

COUVERTURE & MISE EN PAGE
Dessine-moi un Gangster

RELECTURE
Adeline Di Vito

SUIVI ÉDITORIAL
Ludovic Pinton

IMPRIMÉ EN EUROPE PAR SAGRAFIC
Pasaje Carsi N°6 - 08025 Barcelone

ISBN 978 275760 570 7